Carl Hauptmann

Die goldnen Straßen

Tobias Buntschuh
Gaukler, Tod und Juwelier
Musik

Carl Hauptmann: Die goldnen Straßen. Tobias Buntschuh Gaukler, Tod und Juwelier Musik

Trilogie. Erstdruck von »Tobias Buntschuh«: Leipzig (Wolff), 1916. Erstdruck von »Gaukler, Tod und Juwelier«: Leipzig (Wolff), 1917. Erstdruck von »Musik«: Leipzig und München (Wolff), 1919. Erstdruck der vollständigen Trilogie: München (Wolff), 1919. Uraufführung von »Tobias Buntschuh« im März 1917, Deutsches Theater, Berlin. Uraufführung von »Gaukler, Tod und Juwelier« am 20.03.1920, Schauspielhaus, Düsseldorf. Uraufführung von »Musik« am 29.11.1920, Altes Theater, Leipzig.

Neuausgabe mit einer Biographie des Autors
Herausgegeben von Karl-Maria Guth
Berlin 2017

Der Text dieser Ausgabe folgt:
Carl Hauptmann: Die goldnen Straßen. Leipzig: Kurt Wolff Verlag, 1918.

Die Paginierung obiger Ausgabe wird hier als Marginalie zeilengenau mitgeführt.

Umschlaggestaltung von Thomas Schultz-Overhage

Gesetzt aus der Minion Pro, 11 pt

Verlag: Henricus - Edition Deutsche Klassik GmbH
Mörchinger Str. 33, 14169 Berlin, info@henricus-verlag.de
Druck: Libri Plureos GmbH, Friedensallee 273, 22763 Hamburg

Die Ausgaben der Sammlung Hofenberg basieren auf zuverlässigen Textgrundlagen. Die Seitenkonkordanz zu anerkannten Studienausgaben machen Hofenbergtexte auch in wissenschaftlichem Zusammenhang zitierfähig.

ISBN 978-3-7437-0481-7

Bibliografische Information der Deutschen Nationalbibliothek

Die Deutsche Nationalbibliothek verzeichnet diese Publikation in der Deutschen Nationalbibliografie; detaillierte bibliografische Daten sind im Internet über www.dnb.de abrufbar.

Tobias Buntschuh

Eine burleske Tragödie in fünf Akten

Personen

Tobias Buntschuh

Philipp Wendelborn

Fräulein Luisa, Kunstreiterin und Drahtseiltänzerin

Radiana, Schlangenmädchen

Vater Buntschuh

Mutter Buntschuh

Clown Odebrecht

Clown Ambrois

Der Sekretär

Diener Franz

Diener Jakob

Ein dritter Diener

Ein Arzt

Ein Herr

Eine Dame

Ein Jüngling

Stallmeister

Ein Kellner

Clowns

Allerlei Zirkusherren, Zirkusdamen, Diener, eine Musikkapelle

Erster Akt

Garderobenstube im Zirkus. Auf einem Schube hockt ein blondes Mädchen von sehr bestimmten, aber sanften Gesichtszügen. In einem Teufelskostüm. Sie brütet nur melancholisch vor sich hin. Von draußen hört man die Gavotte Louis XIV.

Erste Szene

EIN CLOWN *schlendert achtlos herein. Den grauen Zylinder in den Nacken geschoben. In höchst elegantem, fleischfarbenen, langschößigen Frack. Eine große Rose im Knopfloch. Pluderhose Weste und Schuhe sind von derselben silbergrauen Farbe wie der Hut. Er spielt mit einem kurzen Stöckchen in der linken Hand, während er sofort in Unruhe auf- und niedergeht. Nach einer Weile.* Was hockst du hier, Bestie ... was willst du hier ...
RADIANA. Fräulein Luisa bedienen ...
DER CLOWN. Fräulein Luisa bedienen ... dieses Fräulein Luisa bedienen ... so ... dieses Fräulein Luisa muß wohl alle Welt bedienen ... *Er pfeift ungeduldig vor sich hin, während hinter der Szene starker Applaus ausbricht.* eine solche Raserei wieder ... da muß ja dieses Fräulein Luisa vollends verrückt werden ... ist denn dieser Nabob ... dieser große Arbeiterkönig ... dieses Erfindergenie heute auch wieder unter der heulenden Menge ...
RADIANA. Das weiß ich nicht ... ich kenne den Menschen nicht ... ich habe den Menschen noch niemals gesehen ...
DER CLOWN. Natürlich ... du Katze ... du hast den Menschen noch niemals gesehen ...
RADIANA. Ich lüge niemals ... ich habe den Menschen noch niemals gesehen ...

Wieder großer Applaus hinter der Szene.
Radiana ist sofort aufgesprungen und kramt aus einem großen Schranke einen kostbaren Mantel aus, den sie ausbreitet, um gleich damit wie ein wartender Lakei dazustehen.

Zweite Szene

EIN STALLMEISTER *reißt die Tür auf und schreit herein.* Hinaus ... hinaus aus dem Weiberwinkel ... Odebrecht ... es ist hier kein Aufenthalt für die Herren ... es ist ausdrücklich untersagt, daß die Herren in der Garderobe der Damen getroffen werden ... ich sage Ihnen das heute nur noch einmal ...

Er wirft die Tür wieder zu.

DER CLOWN *schreit in Wut.* Quatschen Sie nicht, Krause ...
DER STALLMEISTER *reißt die Tür neu auf.* Mögen Ihre Beziehungen zu der Dame noch so intime sein ... oder meinetwegen auch schon gewesen sein ... mein lieber Odebrecht ... also bitte ...

Der Clown entfernt sich pfeifend sogleich hinter dem Stallmeister her. Die Musik schweigt eine Weile. Unterdessen stürmischer Applaus. Dann Tusch.

Dritte Szene

Luisa kommt völlig erhitzt und erschöpft, fast nur mechanisch noch mit einer Art eleganten Sprunges und dem stereotypen Lächeln. Sie ist in einem äußerst schlanken Trikot als Drahtseiltänzerin. Radiana wirft ihr dienstbeflissen den Mantel um.

LUISA *hat sich sofort in einen großen, unbezogenen Lehnstuhl geworfen, der neben dem kleinen Holztische steht, atmet nur hastig, den Kopf zurückgelehnt, und schließt die Augen.* Runter, runter ... das Fußzeug erst runter ... und aufschnüren, aufschnüren ... Liebchen ... aufschnüren ... wo ist denn nur Anne ...
RADIANA. Sei nicht böse, Luisa ... ich war so traurig ... ich mußte etwas zu tun haben ... ich habe deine Zofe heimgeschickt, ich will dich bedienen ...
LUISA. Strählchen ... Sonnenblume ... kleine Schlange ... hahahaha – – du möchtest mich bedienen ... du witterst wohl auch jetzt den Goldregen in meinem Schoße ...

RADIANA. Pfui ... daß du alles immer vergiften magst ...
LUISA. Weißer Hase ... Lilie ... Unschuld ... sorge, daß endlich der Kellner kommt ...

Vierte Szene

In diesem Moment hat der Kellner auch schon die Tür geöffnet und schwenkt auf einem Tablett einen Teller dampfender Suppe und ein großes Glas Bier herein.

LUISA. Machen Sie rasch - - - unschuldig war auch ich einmal ... machen Sie rasch, daß Sie wieder hinauskommen aus dem Weiberwinkel ... darüber sind sich doch aber die Menschen jetzt einig geworden, daß das ewige Unschuldiggetue furchtbar langweilig ist ... hahahaha ... ach, du wirst auch bald deine Nebenbuhlerin am liebsten erdrosseln, wenn der sogenannte Jugendflaum von den Flügeln noch vollends herunter ist ... ich sage dir ... bist du erst einmal oben, da wirst du auf deine kleinen Sünden auch nur gnädig herablächeln ...

Der Kellner ist wieder verschwunden.

Fünfte Szene

Der Clown kommt wieder herein. Er stellt sich sofort mit den Händen rückwärts an einen kleinen Kachelofen, während er dann und wann Luisa prüfend ansieht.

LUISA *hat gierig zu essen angefangen.*
RADIANA *hat sich wieder auf den Schub gehockt.*
DER CLOWN. Du ... scherst dich jetzt ... einfach ...
RADIANA *erhebt sich zögernd.* Er droht mir mit dem Stocke ... soll ich gehen, Luisa ... befiehlst du es ...
LUISA. Ha ... gehe nur ... meinetwegen ...
RADIANA *geht gedehnt und zögernd zur Tür.*
DER CLOWN *spielt mit seinem Stöckchen an der Fußspitze und seufzt.*
LUISA *ruft Radiana nach.* Du kommst wieder, sobald ich klingle ...

Radiana ab.

Sechste Szene

DER CLOWN *mit verzehrtem, starrem Blick jetzt.* Luisa ...

LUISA *essend und trinkend.* Geh ab, Kanaille ... ich sage dir ... stier mich nur an ... millionenmal rennt das alles so verführerisch in der Welt rum ... und liegt wie rote Apfelsinenschalen ausgesogen in allen Gemüllhaufen ... was willst du eigentlich von mir ... falle mich nur wieder an wie gestern ... als ich heimging ... denn du maskierter Laffe warst es doch ... man sollte es wahrhaftig nicht denken ... ein Clown ... ein Allerwelts-zum-Lachenbringer ... ein Bojazz ... ein Schwelger ... ein Männchen »Überall« – – – und ein Frömmler dazu, der aus Aberglauben jeden Sonntag in die Kirche rennt und die Papageireden anhört ... das ewige Nachgeplärre aus der Bibel ... damit ja der liebe Gott die Sprünge über zehn Pferde segne ... und den blöden Volksapplaus reichlich spende ... und das gute Wachstum der Gage gelingen lassen möge ... damit die tollen Freuden in den Wochennächten üppig aufsprießen wie die giftigen Pilze ... *Immer erregter.* Teufel ... mit den überfüllten Tränendrüsen ... schmachte ... meinetwegen ... du ... ich gerate in Wut ... ich werfe dir das leere Glas an den Schädel *Sie hat das Glas, das zerklirrt, nach ihm geworfen.* ... ich sag es dir ... ich bin nicht für meinesgleichen ... ich bin eine Kunstreiterin ... eine Athletin ... eine Tochter der Anmut und der Kraft ... ja ...

DER CLOWN *ohne sich irgendwie zu bewegen, ganz trocken.* Du bist wie alle ...

LUISA. Ich habe dich im Leben weiß Gott genug genossen ... ich habe nun einmal Zigeunerblut ... ich bin von einer Zigeunerin, die schwarzhaarig war, aber von einem englischen Vater aus Liebe erzeugt ... und vereinige die Kälte mit der Glut ... ich hasse alle Männer, die nichts sind als Clowns und Seiltänzer und Lustigmacher ... es ist ein Schandgewerbe ... lächerlich ... dein Glotzen ... nackt hast du mich hundertmal gesehen ... du kannst doch nicht verlangen, daß ich mit dir in einer Dauerehe lebe und womöglich solche Clowns zeuge, wie du bist ... und solches teuflisches Weibsgezücht wie ich selber ... bitte ... wenn ich schon Kinder haben soll, sollen sie in einer Bauernhütte aufwachsen ... wie Blumen auf dem Felde ... oder besser noch in einem Palaste des Reichtums ... und das sage ich dir

... jeder meiner zehn Diener soll mit einem Prügel jeden wahnsinnigen Artisten von der Schwelle treiben ... denn wenn ihr Pack hört, daß einer eurer Kollegen in einem Palaste wohnt, da lauft ihr doch Sturm gegen seinen Reichtum ... bis ihr ihm mit Süßlichkeiten oder Gewalt seinen letzten Pfennig wieder abgeknöpft habt ...

DER CLOWN. Ambrois' dressierte Beuteltiere machen eben ihre letzten Hupfer ... also ...

LUISA. Ach ... laß mich in Ruh mit Ambrois' dressierten Beuteltieren ... alle Menschen sind dressierte Beuteltiere ...

DER CLOWN *ganz phlegmatisch.* Hahahaha ... ja ... du bist wie alle ... und ich könnte dich hassen ... wenn nicht eben der Zufall es gefügt hätte, daß ich dich liebe ...

LUISA. Und du bist auch wie alle ... und ich könnte dich lieben ... hahahaha ... wenn nicht eben der Zufall es gefügt hätte, daß ich dich hasse ... und heute nur noch Männer ertragen kann, die nicht nur wie ein gekaufter Papagei auf der Stange sitzen ... sondern die gewissermaßen eine Sicherheit haben ... die mit mir hinter versilberten Eichentüren in einem seidenen Himmelbett schlafen ... wo eine goldene Klingel am Bette steht ... mit der meine Hand dann hell bimmelt, wenn ich am Morgen den Kakao auf Silbertablett serviert ans Bett wünsche ...

DER CLOWN *in Luisa vertieft.* Und wenn ich dich hundertmal nackt sehe ... nämlich ... was geht mich alles Nackte an ... ich sehe dich eben gar nicht nackt ... ich sehe auch nicht mehr, daß du eine Kanaille bist wie alle ... ich sehe auch nicht mehr, daß du aus Gier zusammengesetzt bist und nur einen Goldregen in deinen Schoß ersehnst ... wie heißt denn die berühmte – – ... Danae ... ich sehe dich wie eine Göttin ... wie eine unsägliche Erfüllung meiner Sehnsucht ... du kannst mich totschlagen ... Luisa ... nur wenn du mir einmal mit deiner kleinen, sanften Hand so ganz leise über mein Gesicht und mein Haar streicheln wolltest ... so etwas raubtierhaft Sicheres und Süßes hast du in deinen Händen ... wie es überhaupt dein ganzer geschmeidiger Leib ausströmt ...

LUISA. Hahahaha ... so streicheln ... wie ich dem Meister Wendelborn zehnmal über Gesicht und Hände streicheln könnte, wenn nur dieser lächerlich zopfige Kerl es vertrüge ...

DER CLOWN. Wendelborn ... auch *den* möchtest du liebkosen ...

LUISA. Ja ... – wenn er mir nur einmal unter die Finger käme ... hahahaha ... natürlich muß man da Unterschiede machen ... du ... soll ich dir jetzt einmal einen seligen Blick zuwerfen wie einem Geliebten ... soll ich ... oder wie einem, der mich mit Perlen und Gold behängt ... *Schmachtend.* soll ich dir *Liebe* zeigen, als wollte ich mit dir ins Reich der Träume fahren ... so entrückt, weißt du ... in eine süße Rosenlaube ... oder soll ich dich unbarmherzig an mich reißen, daß du wähnst, meine Liebe sei eine Tigerkatze ... und wenn du dich ihr nicht gutwillig ergibst, zerfleische ich dich ...
DER CLOWN *ganz sanft.* Was geht mich all dein Gerede an ... hinter all deinem Gerede sitzt eben doch nur ein Mensch ... ein Mädchen ... noch ein schamhaftes, gutes, liebendes Kind ... mit einem Schmetterling auf der Schulter ... mit einer weißen Rose im Haar ... mit einer Lilie in der Hand ... mit einer Stimme, die schweigt ... mit Augen, die sich nach Mond und Sternen sehnen ... die das Morgenlicht anweinen ... verflucht wie ich ... zerrissen wie ein Clown ... Luisa ...
LUISA *will seinen Kopf nehmen, herunterbeugen und küssen.*
DER CLOWN *sträubt sich. Ganz sanft redend.* Nein ... nein ... Luisa ... küsse mich jetzt nicht, wo du so freche Worte, einen ganzen Strom, aus dir herausgeschüttet hast ... wo dein Herz zu all den Gemeinheiten hart geschlagen hat ... du erweckst mich aus meiner Seligkeit ... aus meiner Blindheit ... aus meinem heiligen Wahnsinn ... der mich allein noch glücklich macht in diesem verfluchten Narrengeschäft ...
LUISA *psalmodiert melancholisch.*
    Auf einer Flur,
    wo fetter Klee
    und Gänseblümchen
    stand ...

Odebrecht ... ist doch dein veritabler Name ... hör mich ... Odebrecht ... ich sage dir ja ... wenn ich einmal ganz in mich hineinverschwinde ... ohne Kleider bin ... womöglich überhaupt nicht mehr weiß, daß ich noch das sündige Fleisch auf mir habe ... nur ganz in mich verkrochen bin ... da denke ich noch immer nur an dich ... Odebrecht ... *Plötzlich auftrumpfend.* aber man kann doch so verkrochen nicht leben, mein Junge ... man braucht doch das Gold auch ... du willst doch auch dein Leben genießen ... du ... Odebrecht ... sage es doch ... du hast gar keinen Grund, mich zu verachten ... nein ernstlich ... bitte ... sei mir ja nicht böse ... gib mir einen Handkuß ... gib mir einen Kuß auf die Stirn ... gib mir einen Kuß auf das rechte Augenlid ... hahahaha ... der bucklige Krösus ... dieser große Erfinder fängt doch den lieben Gott aus dem Himmel ein ... zwingt ihn richtig, wie er es selbst sagt, in seine Metallplatten und Glasplatten hinein wie den Teufel in die Flasche ... um zu sehen, was der liebe Gott eigentlich für die Menschen leisten kann ... da ist er natürlich dadurch reich geworden ... ganz unsinnig ... daß er sich sogar einen Meister Wendelborn halten kann ... und gleich drei Goldsäcke auf einmal ausschüttet, wenn seine leere Brunst auf ein Weib fällt ... hahahaha ... du ... den küsse ich auf die Augenlider, damit er nichts sieht ... und lasse mein Herz pochen wie einen Hammer ... aber dich küsse ich sanft, Odebrechtlein ... mit deiner Seelenjämmerlichkeit ...

Sie küßt ihn, ohne daß der Clown sich rührt.
In diesem Augenblick wird der vor der Tür hängende Vorhang weggezogen. Ein Mannesgesicht guckt durch den Spalt, gerade als der Clown vor Luisa niederkniet und sie umfassen will.

DER CLOWN *plötzlich wütend. Schreit.* Verfluchte Neugier ... was gibts denn wieder ...

Siebente Szene

LUISA *unterdessen sich der Vorhang wieder geschlossen hat, ruft, die Lage sofort erkennend.* Wir küssen uns nämlich nur, weil wir uns eben kräftig den Magen gefüllt haben ... und einstweilen noch nichts Besseres vorhanden ist ...
WENDELBORN *zieht den Vorhang wieder zurück und steht, als vornehmer Weltmann gekleidet, mit dem hohen Hute in der Hand da. Ein sanftes, bartloses Gesicht mit sehr gütigen, aber sehr bestimmten Augen.* Darf ich, Fräulein Luisa ...
DER CLOWN *schroff und gereizt.* Bleiben Sie gefälligst draußen, Herr Wendelborn ... verfluchte Unsitte, in die Garderoben zu dringen

... das ist niemand gestattet ... ich werde Sie hinausschmeißen, Sie Schmarotzer ...

LUISA *lachend.* Ich haue dir doch mit deiner eigenen Reitpeitsche eins ... du Mißgeburt ...

WENDELBORN *arglos entschieden und nur ganz freundlich. Tritt näher.*

LUISA. Kommen Sie nur getrost in unseren Käfig herein ... eifersüchtige Tiere werden hier mit der Knute sicher gebändigt ... willst du wohl sanft sein zu Herrn Wendelborn, Herr Clown ... wenn ich dir nicht meine Gnade auf der Stelle kündigen soll ...

WENDELBORN. Von dieser Gnade sagen Sie nur ja nicht auch nur den geringsten Muckser Herrn Tobias Buntschuh ... von Eifersucht und Mißtrauen hat sein Blut leider im Leben schon genug auszustehen ...

LUISA. Nun ... willst du nicht Abbitte tun, mein Freund ...

WENDELBORN. Ist er denn wirklich auch Ihr Freund, der lustige Max ... *Zum Clown.* Sie wollten mich eigentlich kränken ... es reizt Sie, daß auch ich gerade von Buntschuhs Reichtum lebe ... Gott ja ... das ist wahr ... ein Künstler wie ich ... der sich auf das Ausrechnen des Goldwertes seiner Phantasiegespinste gar nicht recht eingelassen hat ... sich nie recht gekümmert hat um das sogenannte Geschäft ... ums Einheimsen ... der nur glücklicherweise immer des Schaffens voll war ... durch diesen göttlichen Zufall immer frei und reich aus seinen Phantasiequellen hinausgeben konnte ... nun erlauben Sie einmal ... Sie kennen Buntschuh und mein Verhältnis nicht ... ich werde Ihnen beschreiben, wie mein Freund Tobias Buntschuh eigentlich ist ... *Er kramt ein Schmuckstück aus seiner Tasche hervor und hüllt es aus.* Tobias Buntschuh ist der scharfsinnigste Mathematiker ... und Physiker ... und auch ein glänzender Chemiker ... hat den Kopf sozusagen voll der feinsten Ideengespinste, die wie die Sonnenstrahlen innig fein alle Welt durchsetzen ... verstehen Sie ... ich verstehe es nämlich selbst gar nicht ... berechnet aufs spürsinnigste ... und hat auf diesem Wege wirklich vermocht, schon manchen von unseres Herrgotts einäugigen Riesen aus ihren Weltenhöhlen hervorzustöbern, um sie in unsere menschlichen Geschirre zu spannen ... das ist natürlich nur ein Bild, wissen Sie ... und daß er für solchen Zauber ein unsinniges Geld einheimst, das begreifen Sie völlig ... aber die Sache hat eine Kehrseite ... es bleibt ihm gar keine Zeit für Schönheit und Anmut ... oder vielleicht ist auch gleich sein

Scharfsinn so kolossal geraten, daß für die anderen Organe seines Leibes und seiner Seele gar kein Stoff mehr übrigblieb ... Sie verstehen schon ... über seine drollige Leiblichkeit brauche ich ja doch nicht erst zu reden ... Gott schafft auch Höckertiere ... nicht das Sichtbare seiner Körpergestalt kommt bei ihm als Hauptsache in Betracht ... nur das Unsichtbare ... die unerhört raffinierte Gehirnsubstanz ... hahahaha ... er sieht vom ewigen Denken gelb aus wie eine Zitrone ... aus der nur die hungrigen Augen herausbrennen ... ja ... nun sehen Sie einmal her, Fräulein Luisa ... das ist ein neuer Schmuck für Sie ... den ich Ihnen nur heute in Buntschuhs Auftrag abgeben sollte ... Tobias Buntschuh arbeitet nämlich schon seit Tagen wieder wie besessen an seiner höchsten und letzten Idee ... da ... *Er hat ein zweites Etui aus seiner Tasche geholt und reicht es dem Clown.* Herr lustiger Max ... das ist für Sie ...

DER CLOWN *nimmt das Etui und öffnet es, genau mit demselben Erstaunen wie auch Luisa ihrem Kästchen ganz behutsam einen kostbaren Schmuck entnommen hat.*

WENDELBORN *steht dabei ganz achtlos.*

LUISA. Das ist aber ein großartiges Entgelt für die Tage meiner gänzlichen Witwenschaft ...

DER CLOWN *beim Betrachten des Schmuckes.* Mein Name ist Odebrecht, wenn ich einen solchen Diamanten anstarre, heiße ich nur wie ein Weltmann Odebrecht ...

WENDELBORN. Ja ... diesen großen Diamanten hat Buntschuh ausdrücklich für Sie ausgesucht – ... und befohlen, ihn in eine ausgelassene Fasson einzurahmen ... nicht wahr ... das ist ein köstliches Ding ... eine sehr gelungene Ersinnung ... ein kleiner Sarg aus Gold und Steinsplittern ... der Sarg ist aufgeklappt ... ein Frauengerippe mit kostbarem Goldröckchen darin ... und einem Goldhütchen ... und an der Stelle, wo das Herz liegt, da steckt dieser kostbare Stein ...

DER CLOWN. Wissen Sie ... dreitausend Mark ... für dreitausend Mark könnte ich mir diese Agraffe nicht beschaffen ... ja ... nur simuliere ich immer ... es ist wohl ein Sinnbild ... es soll wohl gar eine Anspielung sein ... ich merke jetzt schon, wo das hinaus will ...

LUISA. Was heißt denn das ... was merkst du denn wieder ... warum sprichst du denn plötzlich wieder gereizt ... Herr Gott ... vor solchen

Schätzen ... ich dächte, die könnten dir doch den Mund jetzt stopfen ...

DER CLOWN. Ja, ja, ... es ist eine sinnreiche, köstliche Sache ... ich begreife es völlig ... dieser aus Elfenbein gebildete Clown, der neben dem entwichenen Weibe steht, das soll wohl *ich* sein ... nicht wahr ... Herr Wendelborn ... Sie werden mir doch nicht etwa einreden wollen, daß dieses große Erfindergenie auch noch solche Kunstwerke ausdenkt ... das tut doch nur sein Goldschmied Wendelborn ... sagen Sie es mir nur gefälligst offen ins Gesicht ... dieser hoffnungslose Weibersklave und Clown soll ich sein ...

WENDELBORN *lacht harmlos.* Tja ... haben Sie etwas dawider, daß ein Künstler wie ich aus Ihrem Leben Schmuckstücke macht ...

LUISA *mit zappelnden Abwehrbewegungen.* Ich kann diesen Menschen nicht hören und sehen ... er ist ewig melancholisch ... und nimmt sich immer furchtbar wichtig ... als ob es auf einen solchen Kobolzschießer in dieser Welt überhaupt ankäme ...

DER CLOWN *guckt wieder in das Etui und lacht plötzlich clownhaft.* Hahahaha ... ich soll wohl einen dreifachen Salto mortale machen ... ja verflucht ... wenn solche Steine reden ... da schweigen in der Tat für einen Augenblick die anständigsten Gefühle ... Luisa ... mach dich nicht großartiger, als du bist ... du weißt ... wenn ich meine Sauen tanzen lasse, bin auch ich ein Herr und Gebieter ... und fuchtle mit meiner Peitsche herum ... also ... *Im anderen Tone.* entschuldigen Sie vielmals ... mein tiefstes Kompliment, Herr Wendelborn, an Herrn Buntschuh ... meine tiefste Ergebenheit ... meine ganze Ehrerbietung ... meine untertänigste Dankbarkeit ... das ist wirklich ein großartiges Geschenk ... Sie haben mich mißverstanden ... konnten Sie denn wirklich denken, ich wollte Sie aus diesem jämmerlichen Rückzugswinkel für armselige Artisten vertreiben ... wenn ich wirklich, ohne zu wissen, wer ...

LUISA. Red dich nicht raus ... das ist erbärmlich ... wenn du auch in deinem ernsten Lebensgeschäft ein Clown bist, bist du doch auch ein Mann ... und hast also nicht feige zu sein ... du wußtest sehr gut, wer den Vorhang aufhob ... du hattest schon vorher Herrn Wendelborn einen Schmarotzer genannt ... und schriest wieder Schmarotzer ...

WENDELBORN *sehr gütig.* Nein bitte ... es lohnt sich ja gar nicht, weiter darüber zu sprechen ... was wahr ist, muß wahr bleiben ...

ich *bin* erst durch Buntschuhs Reichtum wirklich der berühmte Goldschmied geworden ...

Radiana schleicht sich wieder herein, hockt sich scheu auf ihren Schub hin.

LUISA. Mach deinen Fußfall, Kanaille ...
WENDELBORN *in Gedanken weiterredend*. Obwohl ich im übrigen immer ein Mensch war, der nur für die Idee der Kunstarbeit Leidenschaft besaß ... für diese herrliche Idee, das grauingraue Leben der Pflicht- und Zweckmenschen ins Fröhliche und Bunte und Sinngebende zu verfärben ...
LUISA. Mach deinen Fußfall ... ich bestehe darauf ...
DER CLOWN. Herr Wendelborn, den Kleidersaum küsse ich Ihnen ...

Er wendet sich zum Gehen.

WENDELBORN *während ihn Radiana scharf anstarrt*. Nein nein ... gehen Sie ja nicht ... oder ich gehe wenigstens mit Ihnen, Herr Odebrecht ... ich muß nämlich unbedingt in Buntschuhs Nähe sein, wenn er wieder neu zum gemeinen Leben aufwacht ...
DER CLOWN *steht und bestarrt neu den Schmuck.*
LUISA *steht jetzt vor dem Spiegel*. Sehen Sie wenigstens *mich* erst einmal ordentlich an ... wie diese Perlen meinen federweichen Frauenhals geradezu betörend schmücken ...
WENDELBORN *lacht und tritt vor den Spiegel*. Ja ... das habe ich für meinen geliebten Buntschuh vortrefflich gemacht, nicht ...
LUISA. Berauscht Sie nicht ein solcher Anblick völlig, Herr Wendelborn ... Buntschuh ist ein Verschwender ...
WENDELBORN *ganz achtlos*. Ja, ja ... freilich ... ein Verschwender ist er ... aber vor allem ist er fein und zart und grundgütig ... hat eine reine Kindsseele ... und deshalb sage ich es Ihnen auch immer wieder ... Sie müssen *ihm* die erdenklichste Zärtlichkeit zeigen ... wenn man Buntschuh seit der Jugend kennt wie ich, weiß man, daß er volle Liebe verdient ... adjüs, Fräulein Luisa ... auch Ihnen, Herr Clown, sage ich das ausdrücklich ... auch Sie vergessen mir das ja nicht ... zärtlich ... natürlich voller Ehrerbietung zu Herrn Buntschuh ... aber zärtlich ... nennen Sie mich dann, wie Sie wollen ... mich stört das gar nicht ... hahahaha ... ich habe in diesem Punkte

noch immer das beste Gewissen ... ja ... ich habe Buntschuh schon leidenschaftlich geliebt, als er noch ein ganz armer Teufel war ... aber natürlich schon mit dem unglaublichsten göttlichen Scharfsinn alles überglänzte ... schon in der Schulzeit ... schon damals war es mir ordentlich ein Glück, sein heißbegehrter Schmarotzer zu sein ...

Radiana springt auf, läuft sprunghaft zu Wendelborn, der schon die Vorhangsfalte in der Hand hat, küßt ihm die Hand und läuft wieder auf ihren Schub zurück.

WENDELBORN. Ih ... dumme Kleine ... was hat's denn nur ...
LUISA. Hocken bleibst du ... sie ist ein verrücktes Ding ...
WENDELBORN *lachend und winkend.* Adjüs, adjüs ... *Ab.*

Achte Szene

DER CLOWN *wie Wendelborn hinaus ist, starrt nur den Schmuck lange an ...* Mir ist himmelangst ...
LUISA. Wovor denn ...
DER CLOWN. Vor mir und vor dir ...
LUISA *steht noch immer vor dem Spiegel.* Von solchem Schmuck bin ich richtig besoffen, als hätte ich eine ganze Buddel Sekt auf einmal heruntergestürzt ...
DER CLOWN. Oh du Gott der Gaukler ... für Diamanten und Gold verhandeln wir unser Leben ...
LUISA. Hahahaha ...
DER CLOWN. Luisa ... ich liebe dich ... mehr als alle Reichtümer ... und ich verachte dich ... mehr als alle Reichtümer ...
LUISA. Ach quatsch nicht ... geh jetzt ... du bist jetzt dran ...
DER CLOWN. Ich will dir auch gerne diesen Schmuck noch schenken ... da ... nimm ihn ... *Wie Luisa sich nicht darnach wendet.* meinetwegen auch in die Ecke damit ... Erde zu Erde ... *Er hat den Schmuck in den Winkel geworfen.*
LUISA. Behalte hübsch den offenen Sarg mit dem Totengerippe eines Frauenzimmers ... ich weiß schon ... du möchtest mir einen Zauber antun ... so eine kleine Vorbedeutung meines Todes mir geschickt ins Blut hineinspritzen ... damit ich womöglich vom Drahtseil falle

... mich Herrn Buntschuh gar nicht mehr hingeben könnte ... in der Manege einfach verreckte ... und du dann dastehen könntest als etruskische Tränenflasche ... dich vor den Leuten als trauernder Liebhaber satt flennen könntest ... den Gefallen tu ich dir nicht ...
DER CLOWN *hebt seinen Schmuck wieder auf.* Für kalte Steine verhandeln wir unser Leben ... *Ab.*
LUISA *hinter ihm drein lachend.* Hahahaha ...

Neunte Szene

LUISA *noch immer vor dem Spiegel.* Die Augenlider werde ich ihm küssen dafür ... die Füße werde ich ihm küssen dafür ...
RADIANA. Wem ...
LUISA. Ein Weib darf niemals das letzte sagen ... du bist wohl schon eifersüchtig ... du willst mir wohl schon in die Karten sehen ...
RADIANA. Inwiefern ihm die Augenlider küssen ... ist denn das der Herr, der eben ging ...
LUISA. Quatsch ... Unsinn ... frag nicht so albern ... das weißt du alleine ... das wäre mir so einer ... der ... ist selber nur ein Schmarotzer ... der berühmte Goldschmied Wendelborn bringt doch den Schmuck nur im Auftrage von Herrn Tobias Buntschuh ... der sein Herr ist ...
RADIANA. Und für die kalten Steine und das gelbe Gold willst du dich diesem Herrn Buntschuh zu Füßen werfen ... und seine hingebende Sklavin sein ...
LUISA. Fällt mir nicht ein, Sklavin sein ... Herrin bin ich immer ...
RADIANA. Ist der so mächtig, daß er sich einen solchen Herrn Wendelborn halten kann ... oh, Herrn Wendelborn möcht ich liebkosen ...
LUISA. Hahahaha ... Gott ... ein Mädel wie du ... das möchte manche, jetzt wo er durch Buntschuhs Gnade auch immer Geld hat ...
RADIANA. Ach ... der hat eine Freundseele ... mit dem Herrn Wendelborn möchte ich auch nur einen einzigen Augenblick auf der Blumenwiese der Seligkeit spielen ...
LUISA *plötzlich zornig.* Gar nichts hast du dich um diese Männer zu kümmern ... um beide nicht ... meinetwegen hat sich dieser Herr Wendelborn den herrlichen Schmuck ausdenken müssen ... nicht

deinetwegen … meinetwegen hat Buntschuh diesen Menschen hierher geschickt … nicht deinetwegen … fang nur mit solchen Frechheiten an …

Eine lustige Stakkatomelodie beginnt hinter der Szene, während Luisa ihren Schmuck erregt in das Kästchen legt und dann in eine Handtasche sorgfältig einschließt.

Der Vorhang fällt.

Zweiter Akt

Ein runder, sehr vornehmer Gartensaal in dem Stadthause des Tobias Buntschuh. Rechts zwei Haupttüren. Zur Linken tiefer eine Haupttür. Mehr vorne eine Tapetentür. Die gläserne Flügeltür in der Tiefenwand führt ohne Stufen in den weiten blühenden Garten. Alle Türen sind geschlossen. Sofa, Tisch und Sessel in sehr wohliger Form an der linken Hand. Vornehme Pfeilertischchen, eins mit Standuhr, andere mit sonstigen Kostbarkeiten. Schwerer, heller Teppich.

Erste Szene

Ein runzliges Mannesgesicht guckt behutsam und scheu zur rechten, vorderen Tür herein. Leise und verschmitzt lachend.

Hahahaha ... es ist ja noch Totenstille hier ...

Jetzt tritt er in Pantoffeln schlürfend herein. Es ist der

VATER BUNTSCHUH *ein etwa achtzigjähriger, sonderbarer, dürftig mit einer Eisenbahnarbeitermütze und verschabtem Jackett angetaner Mann, mit langem strähnigen, weißen Haar. Er steht wieder still und guckt sich nur pfiffig amüsiert um. Dabei spricht er flüsternd für sich.* Nu ja ... es ist ja noch Totenstille hier ... und warum sollte denn hier auch nicht Totenstille sein ... da wohnt doch der König Herodes ... da wohnt doch der König aus dem Mohrenlande ... ja ... der hat Vater und Mutter ... der hat Mohren aus dem Mohrenlande ... und seine Mutter ist wunderbar schön ... und sein Vater ist wunderbar köstlich ... und der Sohn selber ist wunderbar köstlich ... ach so wunderbar köstlich ... und die Gartenbäume sind wunderbar köstlich ... und der ganze Morgenhimmel ist doch wunderbar köstlich ...

Zweite Szene

In diesem Augenblick kommt behutsam, aber eilig die

MUTTER BUNTSCHUH *eine alte, etwa sechsundsiebzigjährige, noch rüstige, aber gebeugte Frau, in einfacher Kattunjacke und einem Chenillennetz über dürftigem Haar, einen Handbesen in der Hand.* Vater ... du sollst doch nicht immer fortrennen ... du sollst mir doch helfen ... bleib gefälligst oben in der Stube bei mir ... du störst doch Tobias ... er steckt ja noch tief in der Arbeit ... komm nur wieder ...

Dritte Szene

DIENER FRANZ *erscheint wie aufgescheucht aus der Tapetentür.* Oh ... man schläft richtig ein, wenn Stunde um Stunde so totenstill hingeht –
MUTTER BUNTSCHUH. Wie lange geht's denn schon wieder ...
DIENER FRANZ. Seit drei Uhr nachts ... wo der gnädige Herr aus seinem Schlafzimmer in seine Arbeitsräume hinüber schlürfte ...
MUTTER BUNTSCHUH. Ja, ja ... schlürfte ... im Nachthemde womöglich ... halb nackt und bloß ... hatte er wenigstens den Schlafrock um ... und die Pantoffel an den Füßen ... *Sie geht zur Gartentür.* macht nur die Tür auf, damit die schöne Luft reinkommt ... *Bei diesen Worten hat sie selber die Tür aufgeriegelt und weit geöffnet.* es geht ja schon auf zwölf ...
DIENER FRANZ. Ja ... es geht schon auf zwölf, wie ich eben sehe ... und wer weiß noch, wie lange es weiter geht ...
MUTTER BUNTSCHUH. Du kommst jetzt, Vater ...
DIENER FRANZ. Gehen Sie nur ja, Herr Buntschuh ...
VATER BUNTSCHUH *mit abwehrendem, verächtlichem Blick gegen den Diener, zu Mutter Buntschuh gehend und ihre Hand fassend.* Ach ... Herr Buntschuh ... Blödsinn ... wenn auch mein Sohn mein Sohn ist ... ganz gleichgültig ... nennen Sie mich gefälligst Siebenhaar ... wie mein alter Onkel Siebenhaar hieß ... der sein ganzes Leben lang nur immer mühsam auf dem Schusterschemel hockte ... ja ... *Mutter Buntschuh führt ihn und zieht ihn behutsam durch die rechte,*

vordere Tür fort, während er noch zurückspricht. und überhaupt nicht eine Minute übrig hatte in seinem Leben, sich seine sieben Haare wieder zum Beispiel rot zu färben ... nicht ... Mutterle ... *Beide ab.*

Vierte Szene

Diener Franz guckt durch das Schlüsselloch in der rechten, tieferen Tür. Da klopft es an der Tapetentür vorn. Er geht hin und öffnet sie. Es steht ein reich livrierter, Mohr mit Silbergeschirr auf einem Silbertablett sichtbar davor.

DIENER FRANZ. Nein nein ... ih bewahre ... immer noch nicht ... immer noch nicht ... für Napoleon mußte man auch erst immer zwölf Hühner braten, ehe er eins verschlingen konnte ... wenn die Schlacht ging, sagt Herr Buntschuh ...

Er schließt wieder die Tür.

Fünfte Szene

DER SEKRETÄR *ein Mann von etwa 28 Jahren, kommt aus der rechten, vorderen Haupttür. Eilig.* Es fehlt ja doch nicht mehr viel zu zwölf Uhr ... und der gnädige Herr halten die üblichen Empfangsstunden schon wieder nicht ein ...

Sechste Szene

Gleich dahinter erscheint.

PHILIPP WENDELBORN *den leichten Überzieher über einer Art Arbeitsschürze, eine samtene Meistermütze auf dem Kopfe, die er in den Nacken geschoben hat. Er hat einen eleganten, kleinen Handkoffer mit sich. Ebenfalls aus der rechten, vorderen Haupttür.* Nun ... wie steht es ... noch nicht ...
DIENER FRANZ. Nein ... noch immer nicht ... seit drei Uhr nachts ...

WENDELBORN *setzt sich breit auf einen Sessel, starrt den Diener, dann den Sekretär lustig an.* Acht Stunden und neunundfünfzig Minuten ... und auf einem Fleck angepicht ... na ... ich sitze doch wenigstens einmal zur Abwechslung an meinem Bechstein und spiele mir ein Bachsches Präludium vor ... oder schäkere mit meinem Jungen, wenn der aus der Schule kommt, Blaubeeren in der einen Tasche und Heuschrecken in der anderen ... aber bei dem gebrechlichen Leibe obendrein diese ununterbrochene Arbeitskraft ... das ist das Kolossale bei dem Kerle ... schon in der Studentenzeit kriegte er mitten in der Nacht ... und wenns im tiefsten Winter war ... den Denkrappel ... hockte bei der rauchenden Petroleumlampe auf eine alte Holzkiste nieder ... soff zur inneren Illumination die helle Menge eiskalten Kaffee runter ... und saß dann noch am hellen Mittag in Hemd und zerfranstem Havelock und malte seine Zahlen ... *Zu dem Sekretär gewandt.* schicken Sie nur am besten die wartenden Menschen wieder fort ... Sie wissen ja doch ... jetzt, wo er als graues Gespenst über den dunklen Abgründen der Begriffe taumelt, kommt er doch nur scheu wie eine Eule ans Tageslicht ...
DER SEKRETÄR *im Abgehen.* Na natürlich ... schicke ich die wartenden Leute einfach wieder weg ...

Ab, wo er gekommen ist.

Siebente Szene

WENDELBORN *läuft in Ungeduld hin und her.* Wissen Sie ... solch eine sonderbare, meinetwegen ganz einseitige Veranlagung, die kann man wirklich nicht bloß bestaunen ... die muß man einfach bewundern und lieben ... nur so wird doch letztes Menschenmögliches überhaupt erst zustande gebracht ... ein solcher Grad von Vertiefung, wo zwölf Stunden gar keine Zeit sind ... na ... *Er bleibt stehen und sieht den Diener an.* jedenfalls ... *Er weist auf den auf den Tisch gestellten Koffer.* der Kram bleibt einstweilen hier stehen ... aber ich muß noch das Telephon in die Hand nehmen ... denn sonst arbeiten mich meine Kerls zu Hause in Grund und Boden ... Franz ... wenn Herr Buntschuh ruft ... ich bin unten im Telephonzimmer ...

Ab durch die rechte Tür vorne, während Diener Franz wieder an der tieferen Tür rechts durchs Schlüsselloch beobachtet.

Achte Szene

DER SEKRETÄR *kommt wieder.* Ich bringe den Herrn Generaldirektor nicht wieder auf die Socken ... er schimpft und wartet ...

DIENER FRANZ. Jetzt wird jedermann unbarmherzig fortgeschickt ...

DER SEKRETÄR. Aber der Herr Generaldirektor erregt sich unten ... er tritt eine größere Reise an ... *muß* Herrn Buntschuh unbedingt sprechen ...

DIENER FRANZ. Und die Herren Baumeister werden auch ihre Gründe wissen ... und der Herr Küchenchef wird auch fluchen ... und der Herr Parkdirektor wird vor Ungeduld einen Kranz roter Rosen selber auffressen ... jetzt wird einfach jedermann fortgeschickt ...

DER SEKRETÄR. Ich hasse derlei Auftritte ... erklären Sie es ihm, wenn Sie mögen ... sonst rennt dieser Generaldirektor doch noch die Mauern durch ...

Beide nach rechts vorn ab.

Neunte Szene

Man sieht jetzt im Garten, durch die geöffnete Flügeltür, Radiana erstaunt und neugierig näherschleichen. Sie ist in ein dürftiges Mäntelchen gehüllt. Ihr Haar in spitzem Knoten über den Kopf gebunden. Ihre Füße stecken, mit fleischfarbenem Trikot bekleidet, in einer Art schmiegsamer, grauer Tanzschuhe. Nur die Knöchel sind unter dem Mantel sichtbar. Aber man hat das Gefühl, als wenn sie unter dem Mantel in einem engen Seiltänzerkostüm steckte. Bei einem geringsten Geräusch springt sie sofort wie eine Katze zurück und verschwindet wieder in der Tiefe des Gartens.

Zehnte Szene

Die rechte Tür in der Tiefe wird ganz leise aufgetan. Scheu guckt der von langen, braunen Locken umhangene, hohe Schädel.

BUNTSCHUHS *heraus. Und eine hohe Stimme ruft ziemlich kläglich.* Philippchen ... Philippchen ...

Man sieht Tobias Buntschuh, einen zirka achtunddreißigjährigen, kleinen, bucklingen Mann, mit länglicher Nase, dünnen Beinchen in weißseidenen Unterhosen und Hemd, einen alten violetten Seidenmantel um, die baren Füße in vertretenen violetten Schlafschuhen, die schattende Hand über die Augen, blinzelnd aus der Tür treten. Schritt um Schritt ängstlich.

Wo denn ... wo bist du denn ... es kam mir doch plötzlich so vor ... es guckte doch ein zärtliches Auge durch das Schlüsselloch ... lauert ihr wieder ... Franz ... nein ja nicht ... du warst es, Philippchen ... ich bin jetzt so fröhlich ... ich bin jetzt so fröhlich ...

Er hat sich in einen Lehnstuhl gehockt.

Elfte Szene

WENDELBORN *tritt aus der rechten Haupttür vorn herein.* Guten Morgen, Tobby ...

BUNTSCHUH *in den Lehnstuhl gehockt.* Philippchen ... ich werde die höchste Macht noch gewinnen ... ich werde *alle* Kräfte des Weltalls beherrschen ... was nutzt denn der ganze idealistische Dunst ... was nutzt denn all dieses Glauben und Lieben und Meinen ... ich glaube gar nichts ... was nutzen denn eure Theaterstücke ... was nutzen denn all die steinernen Figuren ... möcht ich nur wissen ... was nutzen denn all die poetischen Redensarten im Leben ... nein ... schweige nur still ... und sage gar nichts ... was nutzen all diese Gaukelspiele ... sie können einem nicht den geringsten Zahnschmerz vertreiben ... ich bin jetzt so fröhlich ... *Gewichtig.* der Scharfsinn macht Reichtum ... und Reichtum macht fröhlich ... nur mit

Reichtum hat man göttliche Macht ... reich ist Gott ... reich ist der Teufel ...

WENDELBORN *betrachtet ihn pfiffig gütig.* Ich freue mich, wenn du fröhlich bist, Tobby ... wenn ich auch die Einseitigkeit deiner Auffassung in diesem Augenblick nicht völlig teile ...

BUNTSCHUH *ganz prahlerisch.* Ja ... ich werde bald alle Kräfte des Weltalls beherrschen ... es dauert gar nicht mehr lange ... da werde ich auch die große Sonne zu meinem Mahlochsen gekürt haben ... und damit die irdischen Goldmühlen drehen ... ich bin schon heute der kühnste Beherrscher ... hahahaha ... ein ganz anderer noch als der König Salomo ... ein ganz anderer noch als der berühmte Gold- und Weihrauchkönig ...

In sich hineinlächelnd.

WENDELBORN *betrachtet ihn immer kindlicher und liebevoller.* Ich freue mich, wenn du fröhlich bist, Tobby ... und wenn dir wieder Großes gelungen ist ... du redest ja heute richtig, als wenn du auf einem Kriegsrosse mit goldener Schabracke säßest ... und nur so als Triumphator verächtlich bei mir vorbeitänzeln wolltest ... du weißt, daß ich dein sieghaftes Genie liebe ... das ist doch viel schöner, als wenn du dir manchmal wie eine Laus vorkommst ... dich jämmerlich zerfrißt ... und dann wie eine traurige Mißgeburt heulst ...

BUNTSCHUH *scharf.* Schweig ... du sollst mich an Häßliches jetzt nicht erinnern ...

WENDELBORN *sehr gütig.* Tobby ... ich begreife es ja völlig, daß es dir nach solcher erfolgreichen Arbeit nach Tagen und Wochen wieder einmal die letzte Seligkeit vorgaukelt ...

BUNTSCHUH *lächelnd.* Ich werde mit meinen Erfindungen ganz gewiß noch die letzte Seligkeit mir gewinnen ...

WENDELBORN. Ich weiß ja, Tobby ... das ist ja hundertmal dein Glaube ... und zum schönen und zum großen Tun muß man den letzten Glauben haben ... sonst kann nichts gelingen ... vielleicht erfindest du es so weit, daß man deine Sonnenstrahlen auch noch persönlich essen kann, um damit zum Beispiel das schönste Kunstwerk hervorzubringen ... oder daß man dadurch eine göttliche Stimme bekommt, wie Caruso ... oder daß man dadurch ein Auge bekommt mit göttlicher Sehschärfe bis zum fernsten Fixstern ...

BUNTSCHUH *blinzelnd giftig.* Rede nur weiter ... was du noch sagen willst ...

WENDELBORN *gütig.* Du, ich bin harmlos ... was will ich noch sagen ...

BUNTSCHUH. Ich weiß es ...

WENDELBORN. Da sag's doch ...

BUNTSCHUH. Vielleicht kannst du es noch so weit bringen, daß du wieder aufrecht gehst wie Apollon ... und keinen Krummbuckel mehr hast wie dieser Buntschuh ...

WENDELBORN. Tobby ... jeder Mensch besteht mindestens aus Zweien ... aus einem Superklugen und aus einem Weisen im Innern – ... aber du Dämon bist doch extra gemischt ... du hast doch wenigstens drei Götter und neun Teufel in dir ... und das hämische Zeug, das du eben redest, redet doch nicht etwa der hellerlichte Strahlenmensch in dir ...

Buntschuh schweigt.

WENDELBORN. Weißt du, Tobby ... du solltest dich an deinem Schicksal nicht versündigen ... du hast solch eine geistige Gewalt mit auf deinen Lebensweg bekommen, daß du wirklich damit zufrieden sein solltest ... *Lustig.* dein geliebter Höcker und dein eingedrückter Brustkasten gehört ja doch offenbar zu deinem exorbitanten Tiefblick und Spürsinn in die Geheimnisse dieser Welt aus Dreck und Feuer völlig mit hinzu ...

BUNTSCHUH *heftig.* Schweig, du beleidigst mich ...

WENDELBORN. Junge ... dem Unvermeidlichen kann auf dieser Erde niemand entgehen ... das greift unbarmherzig noch in jedes Leben ...

BUNTSCHUH. Ich werde es euch schon klarmachen noch, daß ich auf Erden der schönste Mann bin ...

WENDELBORN. Tobby ... Vernunft ... du willst wieder einmal einen beliebigen Streit vom Zaune brechen ...

BUNTSCHUH *hat plötzlich aus seinem Schlafrock einen ziemlich großen Silberspiegel genommen und beginnt mit seinem Spiegelbild heimlich ein Spiel zu treiben. Sein Lachen wird krampfhaft.* Hahahahahahahaha ... göttlicher Buntschuh ... göttlicher Buckelhans ... hahahahahahahaha ... du kannst dir doch mit deinem Scharfsinn die köstlichsten Paradiesfrüchte aus Golde erhandeln ... warum solltest du dir denn

25

nicht mit deinem Scharfsinn das herrlichste Menschenglück hier auf Erden erhandeln ... hahahahahahaha ... Tobiaschen ... du bist doch ein Erfindergenie ...

WENDELBORN. Wer dich nicht kennte, müßte in einem solchen Momente ein bissel vor dir erschrecken ... jedenfalls müßte er denken, du redest im Wahnsinn ...

BUNTSCHUH. Ich weiß schon ... ich weiß schon ... das ärgert dich furchtbar, wenn ich mich göttlicher Kräfte rühme ...

WENDELBORN. Glaube, daß es mich ärgert ... den Spaß sollst du haben ... ich weiß ja doch, wie unsinnig in dir die Gegensätze beieinander wohnen ... und wie gerade du um so jämmerlicher aus allen Himmeln herabfällst, je mehr du dir wieder einmal den Wahn deiner Macht vergrößert hast ...

BUNTSCHUH. Ich habe die Macht ... ich habe niemals den Wahn einer Macht ...

WENDELBORN. Trotzdem wirst du es nicht aus der Welt schaffen, daß gerade der idealistische Dunst, wie du es nennst, das ganze göttliche Phantasieleben des Menschen, die höchste und wichtigste Macht ist ... wenn es nur die greifbaren Dinge wären ... selbst Berge Belugakaviar ... oder die bunten Langusten auf den Schüsseln ... oder die Goldhaufen in den Goldschränken ... dann wäre die Welt reif für den Schindanger ... denn dann würden nur gierige Leiber sich um diese Greifbarkeiten reißen ... im übrigen brauche ich dir das gar nicht erst zu sagen ... denn ich weiß nicht erst von heut und gestern, aus welchen heimlichen Gründen du heute wieder einmal mit der Lanze in die Arena reitest ...

BUNTSCHUH. Aus welchen heimlichen Gründen reite ich denn mit der Lanze in die Arena ... da sag' es doch offen ...

Zwölfte Szene

VATER BUNTSCHUH *schleicht sich wieder in diesem Augenblick zur rechten, vorderen Tür herein. Er umschleicht sofort kindlich devot und lächelnd den in dem Lehnstuhl hingelümmelten Tobias.* Aah, ja ... nu da ist ja der König Herodes wieder von den Toten erwacht ... hahahaha ... da atmet er wieder ... aber seine Augen sind gar

so aufgequollen ... er hat wohl geweint ... er sieht gar nicht schön aus ... *Er beginnt zu weinen.* Jesus ... Jesus ...
WENDELBORN. Machen Sie Tobias nicht erst zornig, Herr Buntschuh ... gehen Sie lieber wieder zu Frau Buntschuh hinauf ...
BUNTSCHUH *hat den Vater Buntschuh nur verächtlich angestarrt. Zieht nur wieder seinen silbernen Handspiegel heraus und treibt mit seinem Spiegelbilde wieder ein Spiel.* Hahahahahahahaha ... göttlicher Buntschuh ... göttlicher Buckelhans ... hahahahahahaha ... dein Vater und deine Mutter stammen ja doch nur aus Armutsblut ... und du bist gar noch bucklig geraten ... hahahahahahaha ...

Plötzlich klingelt er herrisch.

Dreizehnte Szene

DIENER FRANZ *erscheint.*
BUNTSCHUH. Vorwärts ... vorwärts ... führe Vater zu Mutter hinauf ... sie soll ihn bewachen ... daß er nicht 'rumirrt ...
DIENER FRANZ *bemüht sich sogleich, Vater Buntschuh durch die rechte, vordere Haupttür wieder hinauszuführen.* Kommen Sie ... kommen Sie nur freundlichst, Herr Buntschuh ...
VATER BUNTSCHUH *unwillig.* Ach ... Herr Buntschuh ... Blödsinn ... nennen Sie mich nur gefälligst Siebenhaar ... wie meinen alten Onkel Siebenhaar ... der auch Siebenhaar hieß ... und der immer schneeweiße Haare hatte ... und der niemals Zeit hatte ... sich seine Haare, zum Beispiel ...
DIENER FRANZ *mit Vater Buntschuh ab.*
BUNTSCHUH *krampfhaft lachend.* Hahahahahahaha ... nennen Sie mich nur gefälligst auch Siebenhaar ... hahahahahahaha ...

Vierzehnte Szene

WENDELBORN. Tobby ... du bist von dem unsinnigen Denken richtig wie verdreht ...
BUNTSCHUH *nimmt eine gereizte Haltung an.* Was soll denn der Koffer ... zeig das Spielzeug her ... ich werd es bezahlen ...

WENDELBORN. Du läßt den Koffer stehen ... er gehört nicht hierher ... ich werd mich mit meinen schönen Dingen jetzt durchaus nicht brüsten ... ich bin doch in diesem deinem menschlichen Hochmomente nicht geschmacklos genug, den güldenen und kostbaren Kleinkram hier auszubreiten ...

BUNTSCHUH. Ja ... eben ... was bringst du denn erst diesen güldenen und kostbaren Kleinkram überhaupt hierher ... ich erlebe meine höchste Stunde heute ... ich brauche weiß Gott mit kostbaren Ködern niemanden erst noch an mich zu locken ...

WENDELBORN. Ich sage es dir ja, Tobby ... ich begreife vollkommen dieses erhabene Gefühl ...

BUNTSCHUH. Ich brauche auch keine schöne Dame mit Gold und Diamanten erst an mich zu locken ...

WENDELBORN *lachend*. Lieber Tobby ... eine kindliche, keusche, reine Frauennatur ... die gar nichts verlangt ... eine, die dir nur selber zwei Hände voll Güte entgegenbringt ... eine Fromme ... sozusagen eine nur Hingebende ... hahahaha ... eine, deren Blut das Tröpflein wahrer Seligkeit und Einigkeit zugemischt ist ... das bekanntermaßen aus Gottes glitzerndem Ölfläschchen direkt herstammt ... die *kann* man eben mit Gold und Diamanten gar nicht an sich locken ... die wirst also auch du mit deinem Gold und deinen Diamanten niemals an dich locken.

BUNTSCHUH *heftig ausbrechend*. Weil dein Weib rechtzeitig gestorben ist ... in der ersten Blüte und du dir jetzt beständig ihr Andenken recht sentimental ausmalen kannst ... und vor deinem zehnjährigen Bengel prahlen kannst ... deshalb redest du ...

WENDELBORN. Tobby ... nun lache ... ich ... na ... niemals ... ich nehme den Namen meines Weibes niemals auch nur in den Mund vor dir ... das schlucke ich gefälligst stets runter vor dir ... aber ... du weißt doch ... ich habe doch genug Einsicht ... viel zu viel ... in deine eigenen, letzten Lebenssehnsuchten ... und in deine furchtbaren Schmerzen ...

BUNTSCHUH *schreit*. Wenn du mich so erniedrigen willst, stelle ich dir den Stuhl vor die Türe ...

WENDELBORN *lachend*. Du bist doch ein ebenso törichter wie ganz gemeiner Kerl, Tobby ... wirklich manchmal im Gemüte noch der reine Weichenstellerjunge im Straßengraben ...

BUNTSCHUH *wieder schreiend.* Ich hasse dich, Philipp ... ich hasse dich, Philipp ...

Fünfzehnte Szene

In diesem Augenblick sieht man im tieferen Garten eine Sekunde das Gewand der Radiana.

WENDELBORN *der in den Garten hinausgestarrt hatte, sagt sogleich bedachtsam.* Tobby ... bitte ... Haltung ... es sind Leute im Garten ...

BUNTSCHUH *schleicht hastig in die Tür, guckt verkniffen und empört zurück und spricht heraus. Scharf.* Jag das Gesindel hinaus aus dem Garten ... jag das Gesindel hinaus aus dem Garten ... *Ab.*

Sechzehnte Szene

WENDELBORN *der in der Flügeltür steht.* Nein ... was ist denn das da für eine kleine Vogelscheuche ... solch ein freches Ding ... sie kommt wahrhaftig ganz dreist und gottesfürchtig hier durch den Park ... *Zurückrufend nach Buntschuh.* potz Donner ... das Frauenzimmerchen will doch nur dich jetzt sehen ... da bleib doch gefälligst ...

Siebzehnte Szene

Man sieht jetzt, wie Radiana im Garten immer näher, ganz scheu herankommt.

WENDELBORN. Nein ... sagen Sie ... das ist wohl die kleine Radiana ... was ... wie ... wie kommen Sie denn hier herein ... Sie müssen ja doch über Mauern und Wassergraben gekommen sein ...

RADIANA. Ja ... jawohl ... über Mauern und Wassergraben ... was ist denn dabei ... ich bin nach der Probe gleich weggelaufen ...

WENDELBORN. Und auch durch die Wachthunde sind Sie durch ...

RADIANA. Ja ... jawohl ... die Wachthunde habe ich nur gestreichelt ... gebissen hat mich keiner ... sie haben alle nur gewedelt ...

WENDELBORN. So ... hahahaha ... verstehen Sie das alles ...
RADIANA *stutzig und anmutig.* Ja ... jawohl ... das verstehe ich ... ich heiße nämlich eigentlich gar nicht Radiana ... das ist nur so ein roter Klecks auf der Stirn ... ich heiße eigentlich ganz gewöhnlich Lotte Grasmück ... nur als Schlangenmädchen heiße ich Radiana ... nur für die Kunststücke im Zirkus heiße ich Radiana ... weil ich noch so junge und gewandte Glieder habe ... sonst bin ich ein ganz gewöhnliches Mädel ... über die höchsten Mauern kann ich klettern wie eine Eidechse oder wie eine Schlange ... Hunde kann ich auch gleich von der Ferne so ansehen, daß sie mich lieben ... das können so junge, geschickte Mädchen oft ...
WENDELBORN. Das können Sie wohl gar auch mit Männern schon ... Sie sind ein lustiges Ding ... ich habe Sie ja schon manchmal bei Fräulein Luisa sitzen sehen ... was wollen Sie denn aber nur hier ...
RADIANA *plötzlich sehr verlegen.* Das weiß ich selbst nicht ... wo auch Sie gerade so unerwartet noch vor mir auferstehen ... nein richtig ... *Sie zieht unterm Mantel einen Brief hervor.* das ist von Luisa an Herrn Buntschuh ... ich bin nur ein gemeiner Schicketanz heute ...
WENDELBORN *lachend.* Das hätten Sie aber bequemer haben können ... wenn Sie zum Beispiel nur unten in der Kanzlei den Brief einfach an den Portier abgegeben hätten ... nicht ...
RADIANA. Ja ... jawohl ... es war nur ein Abenteuer ...
WENDELBORN *mit dem Finger drohend.* Na na na ... wie heißen Sie ... Lotte Grasmück heißen Sie ... Einbrecher sollten Sie heißen ... da wollten Sie sich wohl den großen Erfinder Buntschuh einmal gründlich besehen ... *Die tiefere rechte Tür hat sich wieder aufgetan, und Buntschuh mit immer demütiger verzogenem Gesicht nähert sich.*
RADIANA *die ein wenig erschrocken auf ihn starrt.* Nein ... gar nicht das Einzelne ... ich wollte nur diese ganze Herrlichkeit einmal betrachten ... lieben tu ich weder den Prunk noch die Menschen ... die Wolken und die Kühe und Lämmer liebe ich viel mehr ... und die Wiesenblumen liebe ich auch ... zum Beispiel eine Schafherde liebe ich mehr wie mein Leben, wenn die so mit gesenkten Schafsköpfen auf einer Kleestoppel in Sonne herumschrobt ... aber ich bin sehr neugierig ...
BUNTSCHUH *geht Radiana immer näher und will sie streicheln.*

RADIANA *ganz erschrocken*. Oh nein ... bitte ja nicht ... wenn ich auch aus dem Zirkus bin ... angreifen darf mich niemand ... sonst schreie ich um Hilfe ... außerdem ... wenn das Luisa wüßte, da erdrosselte sie mich ...

Sie ist jetzt nahe daran, in Verlegenheit fortzuspringen.

BUNTSCHUH *immer demütiger*. Schenk ihr doch Schmuckstücke ... schenk ihr doch Schmuckstücke ...

RADIANA *sehr bestimmt*. Gott bewahre ... ich muß fort ... es ist ja doch schon ganz spät am Tage ... ich müßte mich längst zu einem vernünftigen Menschen hergerichtet haben ... wie ich nur aussehe ... manchmal bin ich so töricht ... manchmal setze ich mich plötzlich auf einen Ofen ...

WENDELBORN. Hahahaha ... was man bei dir nicht alles erleben kann, Tobby ...

RADIANA. Die Menschen reden eben so unsinniges Zeug, was hinter diesen Mauern alles verborgen sein sollte ... da ist es kein Wunder, wenn einen die Neugierde überwältigt ...

WENDELBORN *wieder lachend*. Wollen Sie nicht wenigstens erst ein Stück Torte essen, kleine Lotte ... das ist nämlich hier in diesem Zauberschloß zu haben wie auf dem Tischlein deck dich ...

RADIANA *plötzlich fortspringend in den Garten. Dann stehen bleibend.* Nein ... weder Kuchen noch sonst etwas ... weder angreifen lasse ich mich ... noch lasse ich mir etwas schenken ... da denke ich gleich, man will mich vergiften ... das leide ich gar nicht ... ich will jetzt überhaupt die Augen ganz schließen vor mir und vor Ihnen ... Sie müssen auch jetzt die Augen schließen, und niemand darf wissen von meiner Frechheit ...

Sie läuft wieder ein Stück fort.

WENDELBORN *ihr nachrufend*. Da bleiben Sie doch ... Sie brauchen doch nicht wieder über die Mauern zu planken ...

RADIANA *wieder stehen bleibend*. Warum denn nicht ... dabei ist doch gar nichts ...

WENDELBORN *sehr bestimmt*. Nein ... nun befehle ich es aber ... Sie kommen mit mir ... ich führe Sie jetzt den normalen Weg durchs Treppenhaus ... da können Sie noch die Wandmalereien bewundern ... und das große Gemälde an der Decke, worauf die genialen Erfindungen des Herrn Tobias Buntschuh in allegorischen Gestalten verherrlicht sind …

RADIANA. Meinetwegen … obwohl mich das gar nicht interessiert, was man so mit Ölfarbe an die Decken und Wände kleckst … aber wenn *Sie* es mir sagen, muß ich gehorchen … ich will nur vorher Herrn Buntschuh noch einmal bitten, mir nicht böse zu sein … nicht wahr … Herr Buntschuh … bitte, bitte … es war eine richtige Dreistigkeit von mir … ich halte mich manchmal gar nicht im Zaume … da breche ich aus, als wäre ich wild …

WENDELBORN *steht bereits an der offenen Tür.* Hahahaha … Tobby … was man bei dir nicht alles erleben kann … da … der Brief von Fräulein Luisa für dich liegt dort auf dem Tische …

BUNTSCHUH. Halte sie doch … nein … halte sie doch …

RADIANA *hat Buntschuh ein tiefes, züchtiges Kompliment gemacht, scheu mit dem Kopfe schüttelnd.* Nein … nimmer … nimmer …

WENDELBORN. Kommen Sie nur, Sie kleiner Verbrecher … in meiner Hut sind Sie gut geborgen … Menschen zu hüten, das ist nämlich mein Lebensgeschäft … am besten werden Sie im Auto heimgefahren …

Beide sind schon durch die Tür.

RADIANAS *Stimme noch hörbar.* Um Gotteswillen … das wäre mein Tod …

Achtzehnte Szene

BUNTSCHUH *hat Radiana fortwährend nur wie gebannt angestarrt. Ganz in sich gekrochen. Verkniffen lächelnd. Die Hände halb schon ausgestreckt. Wie sie nun mit Wendelborn verschwindet, streckt er plötzlich die Arme nach ihr aus in die Luft und ruft sehnsüchtig.* Oooh … oooh … oooh … ich bin so zärtlich … ich bin so zärtlich … ich bin so zärtlich …

Der Vorhang fällt.

Dritter Akt

Im Zirkus. Am Eingang aus dem Stalle. Schwere Vorhänge. Dahinter Blick in den Zirkus.

Erste Szene

Man sieht Stallmeister mit abgewandten Gesichtern in den Vorhangspalten stehen. Hinter dem Vorhang Gekreisch von Clowns. Ausgelassene, sinnliche Glockenmusik, wozu ein Clown singt.

Ach, liebste Phyllis,
hör mein Musizieren ...
und laß mich stumm
in deinem Schoß pausieren ...

Geklatsch dazwischen. Wieder Geklatsch. Der Clown mit dem Glockenbehang drängt sich aus der Manege durch den Vorhang. Beim Lupfen des Vorhangs hat man das Spiel des Jongleurs mit bunten und drolligen Gegenständen gesehen. Der Vorhang wieder geschlossen. Neu feierliche Ruhe, so daß man den Jongleur jetzt mit irgendwelchen Gegenständen, etwa Flaschen, auf einem Brett dumpf den Takt schlagen hört. Eine Kunstreiterin als Balletteuse ist jetzt von links vorn, abwartend und horchend, lässig an den Vorhang getreten. Hinter dem Vorhang Clownsgerede und Lachen. Zwei Clowns kommen neu mit Geschrei durch die Vorhangsfalten gestürzt und verschwinden nach links vorn, jeder zur wartenden Balletteuse, die sich nicht rührt, eine galante Gebärde machend. Ein dickes, weißes Manegepferd ist jetzt ebenfalls dicht an den Vorhang herangeführt. Geklatsch. Musik. Tusch. Die Vorhänge gehen flüchtig auseinander. Der Jongleur erscheint nun und verschwindet eilig nach links vorn. Man trägt ihm bunte Dinge nach. Clowns kreischen ihm hinterdrein.

Zweite Szene

Nun neu feierliche Musik der Klosterglocken. Das Pferd verschwindet hinter dem Vorhang. Die Balletteuse verschwindet ebenfalls hinter dem Vorhang. Stallmeister treten wieder in die Vorhangspalten.

Dritte Szene

Clown Odebrecht drückt sich durch die Vorhangsfalten heraus. Sackartiger Frack, Hose und Weste in einem. Ganz schwarz. Mächtiger purpurroter Schlips. Alles übermäßig. Der riesige, hohe Hut in nach oben sich breitender Form, total zerdrückt. Er geht während des Spiels vor dem Vorhang hin und her, die Hände auf dem Rücken, samt dem Hute.
Clown Ambrois mit langer Peitsche als lottriger, frecher Schweinejunge gekleidet, drückt sich ebenfalls durch den Vorhang heraus.

CLOWN ODEBRECHT. Prost die Mahlzeit ... Ambrois ...
CLOWN AMBROIS. Morjen ... Morjen ... *Er guckt durch die Vorhangspalte in den Zirkus und kehrt sich zurück.* die Menge heult heute gut ...
CLOWN ODEBRECHT. Na ... und ob ...
CLOWN AMBROIS. Ein einziger Schöps mit goldenen Hörnern ... *Er macht eine lustige Geste mit den Zahlfingern.* das genügt nicht bloß vor tausend grauen Schafsköpfen ... in unserem erhaben gedehnten Teufelstempel ... das genügt im Götterhaine ...
CLOWN ODEBRECHT *bläst mit vollen Backen plump hinaus.* Pfpfpfpf ... neieiein ... hier staunt man nicht bloß das Gold an ... das ist selbsterfundener Reichtum ... ein napoleonisches Kaiserreich ... deshalb sitzt auch in den Zwischenakten die Menge mit offenen Mäulern, nur um diesen Virtuosen auf der goldenen Orgel in seiner Loge beständig zu begaffen und zu betuscheln ...
CLOWN AMBROIS *wieder durch den Vorhang beobachtend.* Hahahaha ... und wie S. Hoheit, dieser Tobias Buntschuh, sich heute wieder mal die kleinen Händchen zerklatscht ...
CLOWN ODEBRECHT. Wir sind ja doch heute nach der Vorstellung alle von Herrn Buntschuh zum Souper geladen ...

CLOWN AMBROIS. Ja ja ja ja … da werde ich mich jetzt nur einstweilen ummaskieren …

Nach rechts vorn ab.

Vierte Szene

Beifall. Man bringt das Pferd von Clownsgeschrei umringt. Die Balletteuse springt hinterdrein. Verschwindet vorn links samt dem Pferde. Clowns stürmen von rechts und links vorn in die Manege hinein. Die Vorhänge sind neu geschlossen. Die Musik schweigt. Man hört nur jetzt dann und wann abgerissene Worte eines Clowns und Gelächter im Zirkus.

Fünfte Szene

WENDELBORN *als Weltmann gekleidet, den hohen Hut sogleich aufsetzend, drängt sich durch die Vorhangsfalten heraus und zieht einen Stallmeister mit sich.* Sagen Sie, Herr Stallmeister …
DER STALLMEISTER *sogleich sehr devot.* Ganz zu dienen, hochzuverehrender Herr Wendelborn …
WENDELBORN. Kennen Sie mich denn alle schon …
DER STALLMEISTER *mit Emphase.* Ich bitte Sie … hochverehrter Herr Wendelborn … sagen Sie lieber, wer kennte in diesem Zirkus Herrn Tobias Buntschuh und Herrn Philipp Wendelborn nicht … Sie sind sozusagen jetzt unsere größte Attraktion …
WENDELBORN *kurz.* Daran bin ich am wenigsten schuld … aber Herr Tobias Buntschuh ist auch rein wie ein ausgelassener Kobold heute … wirklich … er amüsiert sich göttlich und kindlich … beinah, als ob er selbst eine Rolle hätte …
DER STALLMEISTER. Tja … und entfesselt den ganzen Zirkus … denn die Menge achtet ja doch auf jeden Taktschlag seiner kleinen Hand … es macht den sechstausend Menschen ordentlich Spaß, wie nach seinem Kommando zusammenzuwirken, um uns arme Gaukelspieler mit Beifall zu überschütten … einen so stürmischen Abend habe auch ich in unserem Zirkus kaum je erlebt …

WENDELBORN *sich unruhig umblickend.* Freut mich ... freut mich ... ja ... wo ist denn nun aber ...
DER STALLMEISTER. Herr Wendelborn suchen ... Fräulein Luisa ...
WENDELBORN *während er einen Blick wieder in den Zirkus tut.* Nein ... doch nicht ... *Versinnlich.* ich suche ... die Kleine ... die kleine Schlange ... wie heißt sie doch gleich so nett mit ihrem Bürgernamen ... Grasmücke, glaub ich ...
DER STALLMEISTER. Aaah ... die kleine Radiana ... natürlich ... das hätte ich mir wohl gleich denken können ...
WENDELBORN. Die sollte doch wohl jetzt sicher in Fräulein Luisas Garderobe sein ...
DER STALLMEISTER. Ooooh nein ... viel höher, mein Herr ... hahahaha ... sie hat seit heute bereits einen eigenen Garderoberaum angewiesen erhalten ...
WENDELBORN. So so ... wieso denn ...
DER STALLMEISTER. Das sollten Sie am wenigsten fragen, mein hochverehrter Herr Wendelborn ... denken Sie denn, daß in dem hohlen Bauche dieser mächtigen, bretternen Schaubude den Argusaugen und Argusohren des Herrn Direktors auch nur das geringste Quäntchen des Beifalls der Menge entgeht ... wir sind eine Börse ... hahahaha ... nämlich ... wenn es nun gar nicht bloß der Direktor schon merkt ... es auch die Pferde im Stalle wittern ... und die Esel in ihren Strohwinkeln selber dazu den Boden stampfen und Jiaa schreien ... und die Kakadus auf den Stengeln es auskreischen: die kleine Dame entfesselt Stürme ... nein ... *Plötzlich sehr gemessen.* hier handelt es sich zunächst wirklich nur um die Gunst dieses mächtigen Herrn Tobias Buntschuh ... Herr Buntschuh ist ja richtig wie heiter gestimmt, jedesmal, wenn diese kleine, unscheinbare, unschuldige Person sich auch nur bei der geringsten Handreichung in der Manege blicken läßt ... Gott ... es ist ja ein Stern vierter Güte ... nicht ... sie ist zunächst eben nichts ... ganz wahrhaftig ... als höchstens ein keusches, unberührtes Mädchen ... das ist ja doch immer schon etwas ... hahahaha ... aber jetzt hat sie durchaus ihre eigene Garderobe ...
WENDELBORN. Ja ... also ... wo steckt also nun der weiße Hase ...
DER STALLMEISTER. Ich führe Sie hin ...
WENDELBORN *im Abgehen nach rechts zu dem Stallmeister.* Herr Tobias Buntschuh will sie unbedingt heute beim Souper haben ...

Beide ab.

Sechste Szene

Händeklatschen, Bravoschreien. Clownsgekreisch. Clowns bringen durch den Vorhang unter Getümmel einen riesigen Hampelmann getragen, der ein jämmerliches Quieken hören läßt. Clowns nach rechts vorn ab.

Siebente Szene

Eine noble Streichmusik hat begonnen. Fräulein

LUISA *ist eilig von links vorn erschienen. Blankes Schuppentrikot. Silbern. Eine wunderbar lange, reiche, schwebende Feder im Haar und einen silbernen Stab in der Hand. Die Zofe daneben mit einem Silberspiegel in der Hand, den ihr Luisa noch einmal aus der Hand reißt. Sie wirft einem Stallmeister den Stab zu.* Halten Sie ... bitte ...

Sie eilt dann durch die Vorhänge hinein.

Achte Szene

Clown Odebrecht, noch immer in demselben Kostüm, drückt sich durch die Vorhangsfalten wieder heraus. Die feine Streichmusik klingt ruhig und gleichmäßig. Er spaziert genau wie das erste Mal vor dem Vorhang hin und her.

CLOWN AMBROIS *tritt jetzt in vollendeter Weltmannstracht, grauer, hoher Hut, Monokel, Spazierstock, auffällige Eleganz, von rechts vorne wieder herzu. Guckt durch die Vorhangspalte.* Tja ... das Beest hat gut tanzen ... diese Favorite ...
CLOWN ODEBRECHT. Papapapa ... diese Favorite wird sich ans Kaltgestelltsein wieder auch gewöhnen müssen ...
CLOWN AMBROIS. Das sagst du aus Rache ... böses Vieh ...
CLOWN ODEBRECHT. Hahahaha ... solch ein führender Geist macht das nicht anders ...

CLOWN AMBROIS. Zuerst hat er dich verzückten Liebhaber mit seinem Golde kaltgestellt ...

CLOWN ODEBRECHT. Jaaa ... das hat er ... *Er greift mit drolliger Grimasse in seine weiten Pluderhosen und reicht stumm einen Brief heraus.* und heute betreibe ich für ihn Spionendienste ...

CLOWN AMBROIS. Bist du mit Buntschuh so intim ...

CLOWN ODEBRECHT. Ich ... mit ihm ... er ... mit mir ... intim ... wie ein Weib ohne Hände und Arme, das mich aus Gründen schwelendster Eifersucht und eines jämmerlichen Mißtrauens gegen seinen besten Freund gern umarmen möchte ...

CLOWN AMBROIS *lesend*. Du ... na hör mal ... wegen dieser ungesalzenen und ungeschmalzenen, kleinen unschuldigen Grasmück ...

CLOWN ODEBRECHT. Er läßt mich hinterrücks durch seinen Sekretär über die kleine Grasmück und Wendelborn eifrig befragen ... hahahaha ...

CLOWN AMBROIS. Hämisch gereizt wie eine Spinne in Wochen ...

CLOWN ODEBRECHT. Hahahaha ...

CLOWN AMBROIS *noch immer lesend.* Und dieses wahnsinnige Mißtrauen und diese schwelende Eifersucht fällt auf Sr. Hoheit ewig dienstwilligen Bademeister ...

CLOWN ODEBRECHT. Jaaa ... auf diesen äußerst gehaltenen ... äußerst vornehmen Herrn Philipp Wendelborn ...

CLOWN AMBROIS. Hahahaha ... auf diesen Kalfaktor ...

Angstgeschrei im Zirkus, als wenn jemand fiele.

CLOWN ODEBRECHT UND AMBROIS *gleichzeitig*. Donnerwetter ... Donnerwetter ...

Neunte Szene

Im nächsten Augenblick bringt man Luisa getragen. Es ist offenbar nicht schlimm. Sie ist nur leicht gefallen. Sie kann nicht gehen, aber sie lacht aufdringlich und jäh. Man trägt sie sofort nach links vorüber. Ein vornehmer Herr hinter einer Dame und einem Knaben, die Dame in Aufregung voran, erscheinen vom Zirkus im Stalleingang.

DER HERR. Es ist ja gar nichts ... komme doch wieder ... es ist ja rein gar nichts ... *Er beugt sich, noch ein wenig höher stehend, nieder.*

sagen Sie einmal ... Herr Stallmeister ... dieser bucklige Herr in der Loge ... der sich so auffällig und beifallssüchtig gebärdet ... wer ist das wohl ...

DER STALLMEISTER. Das ist ja doch der berühmte Herr Tobias Buntschuh ... das große Erfindergenie ...

DER HERR. So so ... ach Gott ... *Er hilft jetzt der Dame wieder herein.* also der berühmte Mann, der dem lieben Herrgott schon arg Konkurrenz macht ...

DIE DAME *die Stufen hinter der Brüstung steigend, halb im Vorhang.* Sage nur lieber, dem Teufel schon Konkurrenz macht ... ich hasse diese Erfindungen ...

DER HERR. Und dabei schaffst du dir jedes lächerliche Toilettenmittel gleich an ... und probierst jedes Schlafpulver, das die Industrie neu auf den Markt wirft ...

Alle ab.

Zehnte Szene

STIMME EINES STALLMEISTERS *hinter dem geschlossenen Vorhang im Zirkus drin.* Meine hochverehrtesten Herrschaften ... es ist nur eine unbedeutende Quetschung ... Fräulein Luisa spaziert schon wieder lachend in ihrer Garderobe herum ... stampft vielmehr mit ihren gewandten Füßchen beständig über ihre Ungeschicklichkeit auf dem Boden herum ... sie dürfte schon morgen wieder mit aller Grazie vor Ihnen auf dem Drahtseil erscheinen ... für heute läßt sie den Herrschaften nur allerseits ein recht vergnügtes Souper wünschen ... *Stürmischer Beifall. Als es still wird.* sie würde sogleich auch parat sein, einer Einladung zum Souper zu folgen ...

Nochmals Beifallsklatschen. Clownsworte und Clownsgerede.

Elfte Szene

Radiana erscheint. Ganz in Trikot. Wunderbar sanft und scheu. Kindlich lächelnd. Fast verlegen. Abwartend vor dem offenen Vorhang. Sie kommt von links.

CLOWN ODEBRECHT *in der Manege.* Aufgepaßt, meine Damen und Herren ... aufgepaßt ... jetzt kommt wirklich ein Meisterstück ... *Sehr gespreizt das reine S sprechend.* das hat der Schöpfer aller süßen Dinge geschaffen ...
EIN ZWEITER CLOWN. Das ist wohl ein schneeweißer Rabe ...
CLOWN ODEBRECHT. Neieiein ... doch nicht ... ein schneeweißer Rabe kann niemals so schneeweiß sein ...
DER ZWEITE CLOWN. Da wird es vielleicht ein schneeweißes Lämmchen sein ...
CLOWN ODEBRECHT. Jiih ... keinen Finger dran ... ein schneeweißes Lämmchen kann niemals so schneeweiß sein ...
DER ZWEITE CLOWN. Da ist es vielleicht ein Badelaken ...
CLOWN ODEBRECHT. Hihihihi ... ein Badelaken könnte noch so schneeweiß sein ... ein Badelaken könnte niemals *so* schneeweiß sein ... ich werde dir einmal jetzt auf die Hundsfährte helfen ... es ist weder ein schneeweißer Rabe ... noch ein schneeweißes Lämmchen ... noch ein schneeweißes Badelaken ... aber wenn du zu ihm frech werden wolltest ... würde es dir einen derartigen Klaps versetzen ... mindestens wie zwei schneeweiße, boxende Hasen ...
DER ZWEITE CLOWN. Ich weiß ... ich weiß ... ein schneeweißer Hase ...
CLOWN ODEBRECHT. Hahahaha ... ein schneeweißer Hase könnte noch so schneeweiß sein ... er könnte niemals so schneeweiß sein.
DER ZWEITE CLOWN. Ich schwitze schon ...
CLOWN ODEBRECHT. Ich sage dir ja, einen derartigen Klaps versetzen, mindestens wie *zwei* schneeweiße Hasen ...
DER ZWEITE CLOWN. Ich weiß ... ich weiß ... drei schneeweiße Hasen ...
CLOWN ODEBRECHT. Hihihihi ...
DER ZWEITE CLOWN. Du mußt mir noch einmal den Gefallen tun ... und mir auf die Hundsfährte helfen ... ich hab heute leider meinen genialen Tag, wie Herr Tobias Buntschuh ...
CLOWN ODEBRECHT. Ich werde dir also jetzt zum letzten Male auf die Hundsfährte helfen ... es ist weder ein schneeweißer Rabe ... noch ein schneeweißes Lämmchen ... noch ein schneeweißes Badelaken ... noch drei boxende, schneeweiße Hasen ... aber wenn du dich erdreisten wolltest, deine Lippen ganz sanft daran zu legen, könntest du dich gehörig daran verbrennen - - - - und deine Lippen

würden sogleich vor deiner Nase aufwachsen wie eine Seifenblase … hahahaha …

DER ZWEITE CLOWN. Hahahaha … das könnte schneeweißer, kochender Reis sein … aber das ist es nicht … nein … das ist es nicht … kenne ich … kenne ich … das ist das schlanke … schlängliche … bängliche … hahahaha … huschlige … puschlige … so liebe … so keusche … so scheue … Seelchen eines leibhaftigen Mädchens … *Schmachtend.* rein wie der Tau auf Asphodelos Wiesen … weiß wie der Flaum von Engelsflügeln … lachen Sie ja nicht … lachen Sie ja nicht … *Eine zierliche Musik hat neu begonnen. Radiana ist in den Zirkus verschwunden. Die Vorhänge sind geschlossen.* aha … aha …

Zwölfte Szene

Ein Clown und eine Biedermeierdame, die jetzt wartend vor den Vorhang getreten sind, beginnen nach der Musik zu tanzen. Clown Odebrecht tritt durch den Vorhang, sich den Schweiß wischend. Und geht wieder hin und her. Clown Ambrois tritt von links auch wieder herzu und sieht neu durch die Vorhangspalte. Im Zirkus hört man mitten in die gleichmäßige Musik ein paarmal scharfe Bravoschreie. Und beständig kurz abbrechendes Händeklatschen.

CLOWN AMBROIS. Jetzt scheint S. Hoheit, dieser Herr Buntschuh, offenbar auf dem Gipfel der Freude …

Wendelborn kommt auch von links an den Vorhang heran. Verschwindet in dem Zirkus. Kommt aber sogleich zurück und verschwindet wieder nach links.

CLOWN AMBROIS. Hahahaha … das schwelende Mißtrauen und die tückische Eifersucht dieses Gold- und Weihrauchkönigs fällt also auf seinen ewig dienstwilligen Bademeister …

CLOWN ODEBRECHT. Tja … auf diesen wirklich äußerst gehaltenen … äußerst vornehmen Herrn Philipp Wendelborn …

CLOWN AMBROIS *durch den Vorhang blickend.* Das muß man sehen … das muß man sehen … wie dieser kleine, bucklige Teufelskerl sein Gesicht verbiegt … und den Höcker schüttelt …

Zu dem ersten Paare, das vor dem Vorhang noch tanzt, tritt von rechts vorn ein Clown, der eine bunte Kugel wie eine Seifenblase beständig auf der Nase balanciert.

CLOWN AMBROIS. Nun verstehe ich auch, warum die große Favorite Luisa plötzlich so glanzvoll vom Stengel fiel ...
CLOWN ODEBRECHT. Hahahaha ... ja ... jetzt verstehe ich auch, warum die große Favorite Luisa plötzlich so glanzvoll vom Stengel fiel ...

Dreizehnte Szene

Fräulein Luisa in großer Straßenaufmachung, neben ihr der Arzt, erscheint von links vorn vor dem Vorhang.

DER ARZT. Aber Sie müssen sich unbedingt stützen, gnädiges Fräulein ... Sie müssen unbedingt den Stock fest gebrauchen ...
LUISA *sehr ablehnend.* Lassen Sie mich in Ruh, lieber Doktor ... *Sie hinkt leicht.* gehen Sie einfach ... Sie stecken wohl auch in dieser Verschwörung ... denke nicht dran ... denke nicht dran ... Fräulein Luisa am Krückstock humpelnd ... *Sie sieht zu Odebrecht und Ambrois hin.* na ... ihr Kanaillen ... was brütet ihr denn ... ich bin noch nicht tot ... es geht ja bei uns heut recht lustig zu ... wer gaukelt denn jetzt drin ... es ist wohl ...
CLOWN ODEBRECHT *süßlich, höhnisch.* Die Kleine ... die Schlange ...
LUISA. Hahahaha ... kann ich auch sein ... hahahaha ...
CLOWN ODEBRECHT. Doch nicht ... so *eine* winzige, kleine ...

Plötzlich beginnt rasender Lärm. Stürmisches Beifallklatschen. Man hört den Namen Radiana vielstimmig rufen. Der Lärm steigert sich. Es wird ein Tusch geblasen. Es wird neu ein Tusch geblasen. Radiana tänzelt atemlos, sanft und verlegen durch den Vorhang. Luisa ist nur jäh lauernd vorgesprungen. Aber Radiana springt in den Beifallstumult sogleich wieder in den Zirkus zurück. Die Musik fließt noch einmal im stillen Gleichmaße weiter.

Vierzehnte Szene

CLOWN ODEBRECHT *halblaut und scharf.* Ambrois ... sieh hin ... hörst du ... wie die große Schlange ihr Gift ansammelt ... wie die große Schlange schon unheimlich züngelt ...

Ein zweites Tanzpaar, dann ein drittes Tanzpaar, dann ein viertes Tanzpaar, immer Clown und Biedermeierdame, ist von links oder rechts vor den Vorhang getreten, die alle tanzen. Dazu ein Mann mit Kakadu an der Kette. Alles in rhythmischer Bewegung. Auch ein zweiter Clown mit einer Kugel wie eine Seifenblase, die er auf der Nase balanciert. Alles wartet schon auf die nächste Nummer.

LUISA *hinkend und fiebernd, wird immer länger beim Hineinblicken.* Ist denn Herr Buntschuh immer noch im Zirkus ... kann er denn überhaupt diese Süßlichkeit ewig ertragen ... kann er denn diese Süßlichkeit noch immer ertragen ... *Zu Ambrois gewandt.* komm doch, Junge ... komm doch ... wir gehen ... komm zur Krippe ... du bist ja doch ebenfalls eingeladen ...

CLOWN AMBROIS *küßt ihr preziös die Handschuh.* Untertänigster Diener ... untertänigster Diener ... *Er reicht ihr den Arm. Beide im Abgehen.* bon jour ... buona notte ... lieber Mitschuldiger ... hahahaha ... *In diesem Augenblick setzt der Beifall noch fanatischer ein.*

LUISA *springt sofort jäh zurück. Sie vergißt sich völlig.*

CLOWN ODEBRECHT *gibt sich mit Ambrois spitzfindig Zeichen.*

LUISA *lacht ganz unsinnig.* Hahahaha ... *Sie klatscht wie rasend in die Hände. Sie ruft phantastisch gespreizt.* wartet nur, Kinder ... wartet nur, Kinder ... der geb ich den Zahlaus ... die will ich einmal richtig verpauken ...

CLOWN ODEBRECHT *erschrocken.* Was ist denn ... was ist denn ...

LUISA *reißt den Vorhang vorzeitig auseinander. Sie ruft.* Seht nur das blöde Frauenzimmer ... riecht nur das ungesalzene Kalbfleisch ...

Im nächsten Moment springt Radiana atemlos aus dem Vorhang, der sich sogleich hinter ihr schließt. Da hat sie auch Luisa schon um den Hals gegriffen. Hat sie geschüttelt. Und hat sie plötzlich auf den Boden geworfen.

LUISA *sogleich Ambrois Arm neu aufgreifend und nach rechts rauschend.* Fort jetzt ... zur Krippe ... nur fort zur Krippe ... *An der Ecke bleibt sie doch wieder, wie zu einem neuen Sprunge zurückgewandt, stehen.* ich werde bei diesem Souper diesem reichen Päscheräh den blöden Schädel schon geraderücken ...

Clown Ambrois ist mit leisem Reden bemüht, sie fortzuziehen.

RADIANA *ist sofort aufgesprungen. Beginnt sich nur abzustäuben. Der Zirkus tobt noch immer ihren Namen. Sie wendet sich. Macht ein paar Tanzschritte gegen den Zirkus. Dreht sich neu um. Stampft mit dem Fuße wütend auf. Schreit weinend.* Aas ... *Besinnt sich. Sieht scheu nach Luisa. Ist totenbleich.*

Clown Odebrecht ist schützend zu ihr getreten. Redet kurz etwas zu ihr.

RADIANA *hastig.* Fort ... nicht doch ... mir ist gar nichts ... mir ist gar nichts.

Die Musik bläst neu einen Tusch. Der Name Radiana dringt durch. Radiana hat sich nur noch einmal scheu nach Luisa umgesehen. Dann läuft sie, was sie kann, an einen Haken, daran ein beliebiger bunter Mantel hängt. Reißt ihn herunter. Hüllt sich hinein und flieht nach rechts bei Luisa vorbei.

LUISA *bei ihrem Vorbeihasten.* Kröte ... kokette ... böse ... vermickerte Kröte ... laß dir nur ja nicht nach dieser Tracht einfallen, heute noch zu dem Souper zu kommen ...

Radiana ab. Hinterdrein die grell lachende Luisa mit Ambrois.

Fünfzehnte Szene

WENDELBORN *kommt von links vorn ihnen entgegen.* Wo ist die Grasmücke, möcht ich nur wissen ... ich habe unterdessen der Ruhe gepflogen ... still in Fräulein Radianas Garderobe gewartet ... weil ich sie unbedingt bereden muß, heute mit beim Souper zu sein ...
CLOWN ODEBRECHT. Hahahaha ... es hat einen sehr amoenen Auftritt unter Zweien gegeben ... dieses Fräulein Luisa hat die kleine

Radiana gewürgt und auf den weichen Sägespänboden hingestreckt ...

EIN ZIRKUSDIENER *drängt sich herzu.* Herr Tobias Buntschuh ist außer sich, daß Herr Wendelborn noch immer nicht kommen ...

WENDELBORN *ohne zu hören.* Nein ... sagen Sie, Odebrecht ... nicht möglich ... wo ist denn die Kleine hingelaufen ... *Unwillig.* ja ja ja ja ja ... erst das eine gefälligst ... wo ist denn die kleine Radiana jetzt hin ... Herrn Tobias Buntschuh sagen Sie nur, ich käme sofort ... er solle nur ruhig voraus ins Astorhaus fahren ...

DER STALLMEISTER. Fräulein Radiana ist gleich, wie sie ging und stand ... hahahaha ... oder auch lag ... ohne im übrigen auf die Begeisterung des Publikums auch noch den geringsten Wert zu legen ... mit Recht nur sehr beschämt und geängstigt hinausgeflohen in die Nacht ... und verkriecht sich sicher in dem hintersten Winkel ihrer Mietswohnung, wie ich sie kenne ...

CLOWN ODEBRECHT. Wenn sie nicht etwa gar in eine Sitzung der Heilsarmee läuft ... und dort Choräle brüllt, um sich abzukühlen ...

WENDELBORN. Also ... frisch auf zum fröhlichen Jagen ... *Mit Odebrecht nach rechts vorn.* ich darf ja doch zu dem Souper nicht kommen, ohne den weißen Hasen nicht mitzubringen ...

Beide ab.

Sechzehnte Szene

Man hört abgerissen einige Worte einer umständlichen Erklärung über ein zu beginnendes Spiel. Eine Pantomime ohne Musik.

TOBIAS BUNTSCHUH *drückt sich durch den Vorhang. Die Stallmeister verneigen sich. Tobias Buntschuh ist hochelegant. Ausgesucht hell gekleidet. Sehr dandyhaft. In farbigem, hohem Hute. Kopf in den Schultern wie ein kranker Geier. Dabei stolzierend. Große Blume im Knopfloch. Monokel im Auge. Blinzelnd suchend.* Wo denn ... wo denn ... wo ist er denn ... wo bleibt er denn ewig ...

DER STALLMEISTER *sich tief verbeugend.* Zu allergehorsamsten Diensten, Herr Buntschuh ...

Gleich hinter Buntschuh sind Zuschauer aus dem Zirkus neugierig herausgetreten, die ihn von ferne begaffen.

BUNTSCHUH *mürrisch.* Lassen Sie jetzt nur die Redensarten ...
EIN ANDERER STALLMEISTER *tritt hastig, sich tief verbeugend, herzu.* Herr Tobias Buntschuh suchen Herrn Wendelborn ...
BUNTSCHUH. Vorwärts ... vorwärts ... da bringt ihn doch endlich ...
EIN ANDERER STALLMEISTER *kommt.* Herr Wendelborn wird sicher in der Garderobe bei Fräulein Radiana sein ...
EIN ANDERER STALLMEISTER *herzutretend.* Nein ... in der Garderobe ist er nicht ... diese Garderobe ist bereits leer ...
BUNTSCHUH. Kommen Sie einmal gefälligst beiseite ... Sie sind wohl verschwiegen ...
CLOWN ODEBRECHT *kommt von rechts.* Erlauben Sie nur in Eile, Herr Buntschuh ... Radiana ist gleich nach dem peinlichen Auftritt mit Fräulein Luisa hastig in die Nacht hinausgeflüchtet ...
EIN ANDERER STALLMEISTER. Ja ... ich habe Fräulein Radiana in einem beliebigen bunten Mantelfetzen in die Nacht hinausstürmen sehen ... und soviel ich bemerkte, ist Herr Wendelborn dann sofort eiligst hinter ihr drein gelaufen ...
BUNTSCHUH *ratlos vor Odebrecht.* Oooh ...
CLOWN ODEBRECHT *ebenfalls die Schultern ratlos hochziehend.* Tja ... ich muß leider schon wieder hinein ... entschuldigen Sie mich gütigst ... hochverehrter Herr Buntschuh ...

Ab durch den Vorhang.

BUNTSCHUH *zu seinem Diener, der mit Stock und Mantel hinter ihm steht.* Oooh ... die Dame ist in einem bunten Mantelfetzen hastig in die Nacht hinausgeflüchtet ... und Wendelborn ist sofort hinter ihr drein ... ich durchschaue diese animalische Tücke ... ich durchschaue alles ...

Er läßt sich vom Diener jetzt den hellen Mantel umlegen, bleibt aber wie gebannt vor sich hinstarrend stehen.
Im Zirkus klingt unterdessen zu mehreren Gitarren fein und spitzig ein Fistelgesang von Clownstimmen.

Lieder singen dich nicht,
sie alle enden wie Nachhall
fernester Zeiten von dir.

Namen nennen dich nicht,
dich bilden Griffel und Pinsel
sterblicher Künstler nicht nach.

BUNTSCHUH *malt mit dem Spazierstock vor sich auf den Boden und tut zögernd Schritte.* In welches verfluchte Rattenloch haben sich denn die beiden jetzt miteinander hinverkrochen … *Mit diesen Worten verschwindet er langsam und unentschlossen.* möcht ich nur wissen …

Musik und Gesang säuseln noch immer süß.

Wäre des Herzens Empfindung
nur hörbar – jeder Gedanke
wäre ein Hymnus von dir.

Wie du lebest und bist,
so trag ich einzig im Herzen,
holde Geliebte, dein Bild.

Lieben kann ich dich nur,
doch Lieder, wie ich dich liebe,
spar ich für jene Welt auf.

Der Vorhang fällt.

Vierter Akt

Wieder im Gartensaal wie im zweiten Akt. Es ist noch Nacht.

Erste Szene

MUTTER BUNTSCHUH *mit Nachthaube überm weißen Haar, in dürftiger Nachtjacke und Kattunrock, kommt mit einer brennenden Kerze in der Hand durch die rechte, vordere Tür. Ihr auf den Fersen immer trippelnd der Vater Buntschuh.* Ach ... es war eine solche Unruhe wieder in der Nacht ... die Automobile fuhren ein paarmal ... dann war ein Rennen im Hausflur ... Herr und Heiland ... was ist denn nur aller Erfolg und alles Gepreise, wenn man damit nicht die Seele stillt ... was ist denn der ganze beneidete Scharfsinn, wenn das Menschenherz immer gejagt bleibt dabei ...

Sie ist sogleich nach dem Garten zur Flügeltür gegangen, hat sie geöffnet und horcht hinaus.

VATER BUNTSCHUH. Mutterle ... nein ... ach ... du brauchst dich nicht ärgern ... ich stehe dir doch bei ... was willst du denn draußen ...

MUTTER BUNTSCHUH *tritt ein paar Schritte hinaus.* Warte du nur hübsch drinne, Vater ... bleib und warte ... ich muß einen Blick in den Garten tun ... ich hab eben etwas Schauderhaftes geträumt ... es war im Garten draußen ... Tobias ... unser Tobias lag da ...

VATER BUNTSCHUH. Mutterle ... geh immer Schritt um Schritt ... du und ich ... wir finden vollends den Weg noch ... ja ...

MUTTER BUNTSCHUH *hat nun wieder in den Garten gespäht. Zögert. Kehrt zurück und steht unschlüssig in der Tür.* Ach Gott ... nein ... es war doch bloß ein Traum ... geh du nur lieber wieder ins Bette zurück, Vater ... es ist frisch draußen ... du erkältest dich ...

VATER BUNTSCHUH. Ach ... *Pfiffig lachend.* niemals ... wo werden wir zweie der Welt erst noch groß die Stirne bieten, wenn gerade die ewige Lampe durchs Schlüsseloch scheint ...

MUTTER BUNTSCHUH *geht jetzt sogleich auf die rechte tiefere Zimmertür zu.* Sitzt er denn ... Jesus ... er sitzt doch wenigstens wieder über seinen Ideen ... da hat mich doch der Alb bloß aus dem Bette gescheucht ... aber seit der Zeit gestern abend, wo ich den Sohn als großen Herrn nur kratzig durchs Treppenhaus schwenken sah ... wo er mich einfach stehen ließ ... ansah und doch einfach stehen ließ, Vaterle ... *Sie streichelt ihn.* die Mutter stehen ließ, als wäre sie bloß eine hölzerne Treppenfigur ... unser Sorgensohn ... nein nein ... da sitzt er ... *Ganz behutsam. Lächelnd.* und wenn er mich jetzt wieder gehörig anfaucht, als wenn er eine blinde Katze im Korbe wäre ... soll ich klinken ...

VATER BUNTSCHUH. Und wenn auch der König aus dem Mohrenlande die goldenen Eier wieder bebrütet ... Mutterle ... ich gehe immer einen Schritt hinter dir ...

MUTTER BUNTSCHUH. Ich klinke ruhig ...

Sie hat die Tür geöffnet. Man sieht strahlendes Licht herausleuchten. Sie trippelt hinein. Dicht hinter ihr der Vater Buntschuh. Und beide verschwinden eine Weile.

Zweite Szene

DIENER FRANZ *ist ebenfalls aus der Tapetentür aufgescheucht erschienen.*

Da hört man die Stimme von.

MUTTER BUNTSCHUH *schon innen rufen.* Franz ... Franz ... es ist ja niemand zu finden ... wo ist denn der Sohn ... wo ist denn der Sohn ... *In diesem Augenblick erscheint sie wieder.* um Gottes Willen, wo ist denn Herr Buntschuh ...

DIENER FRANZ *während Vater Buntschuh jetzt auch wieder heraustritt.* Nein ... in den Arbeitsräumen ist Herr Buntschuh sicherlich nicht ... es sollten nur dort die Lichter brennen ... das befahl der gnädige Herr, als er ziemlich spät heimkam ... ja ... wo ist er ... er befahl ausdrücklich, daß niemand ihn stören sollte ... und lief sogleich nur in den Garten hinaus ... irgendwo im Hause oder Garten muß er wohl sein ... in seinem Schlafzimmer ist er allerdings noch nicht erschienen ...

MUTTER BUNTSCHUH. Ach Gott, ach Gott ... gar keine Rücksicht nehmen wir jetzt auf seine Schroffheit ... vorwärts, Franz ... jetzt suchen wir ihn ... den Vater bringen Sie erst ins Bett - - - - und rufen auch Jakob ... du gehst, Vater ... vorwärts ...

VATER BUNTSCHUH *im Abgehen.* Hihihihi ... vielleicht wird der König Baal gerade im großen Musiksaale sitzen ... Mutterle ... vielleicht wird er gerade im großen Lichtersaale sitzen ... wie Gott im Himmel ... hihihihi ... weil er doch immer wie ein Wechselbalg schrie, wenn auch nur eine Bettelleier vorm Wärterhause tirilierte und jubilierte ... hihihihi ...

MUTTER BUNTSCHUH *hat den Alten sanft zur rechten, vorderen Tür hinausgeschoben. Der Alte mit dem Diener ab.*

Dritte Szene

MUTTER BUNTSCHUH *ist wieder ruhelos bis zur Flügeltür zum Garten gelaufen und ruft hinaus.* Tobias ... Tobias ... geliebter Tobias ... *Sie kommt zurück.* oh ... oh, oh ... das war kein Traum ... das war eine klare Ahnung ... oh Heiland, Heiland ... wo auch Tobias so anfällig und fallsüchtig ist ... daß er manchmal geradezu wegbleibt, wenn ihn seine furchtbare Lebensgier wieder einmal richtig erschüttert ...

Vierte Szene

DIENER FRANZ *erscheint wieder.* Ich bringe eine Fackel, Frau Buntschuh ... aber wir müssen doch sehr vorsichtig zu Werke gehen ... womöglich meditiert der gnädige Herr schon wieder am grauen Morgen ... wenn es mir freilich auch so vorgekommen ist, als ob ihm irgendeine nächtliche Angelegenheit den Atem ganz benähme ... und ihn um seine stolze Würde gebracht hätte ... denn als er das zweite Mal diese Nacht heimkam, schlich er nur ganz widerwillig die Stufen im Treppenhause herauf ...

Sie gehen beide in den Garten vorwärts. Das kleine Licht der Mutter Buntschuh brennt jetzt auf dem Tische im Gartensaal allein, während der Feuerschein der draußen von dem Diener entzündeten Fackel im morgengrauen Garten verschwindet.

Fünfte Szene

Wenige Sekunden nachher kommt Diener Franz aus dem Garten angestürmt. Ein anderer Diener und der Mohr sind gleichzeitig aus der Tapetentür eilig erschienen.

DIENER FRANZ. Der gnädige Herr … rasch … es ist ihm etwas zugestoßen … er liegt auf dem Kiesweg … es ist eine Ohnmacht … sofort den Lehnstuhl hinaus … greift nur zu … beide … ja … den Lehnstuhl hinaus …

Die beiden Diener greifen einen Lehnstuhl. Alle verschwinden wieder in den Garten. Ab.

Sechste Szene

Im nächsten Augenblick bringen die Diener Tobias Buntschuh auf dem Lehnstuhl getragen. Er ist noch genau so gekleidet, wie er im dritten Akt erschienen.

DIENER FRANZ *leise.* Wohl lieber ins Bett gleich … nicht, Frau Buntschuh …
MUTTER BUNTSCHUH *ebenfalls leise.* Nein doch … stille … er rührt sich ja schon … halten sie doch … geliebter Junge … was ist denn nur … *Man hat den Stuhl jetzt niedergestellt.* was ist denn nur … himmlischer Vater …
BUNTSCHUH *liegt wieder völlig reglos.*
DIENER FRANZ *schüttelt beobachtend mit dem Kopfe. Sehr leise zu Mutter Buntschuh.* Wie ich den Anfall kenne …
BUNTSCHUH *plötzlich scharf. Aber völlig gedehnt und schwer verschlafen.* Gar nichts … gar nichts … gar nichts … kennst du … Einfaltspinsel … gar nichts … kennst du … stehen lassen sollt ihr mich auf der Stelle …
MUTTER BUNTSCHUH. Der Sessel steht schon, Junge …
BUNTSCHUH *noch immer mit geschlossenen Augen.* Ich will um keinen Preis so weiter über die Treppen emporschweben … wer ist es denn eigentlich … Mutter … bist du es …

MUTTER BUNTSCHUH *indem sie den Dienern winkt beiseite zu treten.* Geliebter Tobias ... wer soll es denn sonst sein ...

BUNTSCHUH. Ich bin eine jämmerliche Karkasse ...

MUTTER BUNTSCHUH. Wirklich des Todes bin ich erschrocken, Junge ... was ist denn nur wieder ...

BUNTSCHUH. Schicke das Dienervolk in die Kirmes ... was geht denn das dem Pack an, was mir passiert ist ...

MUTTER BUNTSCHUH *gibt einen stummen Wink, so daß alle Diener verschwinden.*

BUNTSCHUH. Nein ... nein ... ja nicht bewegen ... wo soll es denn hingehen ... ich mag nicht mehr fliegen ... verfluchter Humbug ... haltet doch stille ...

MUTTER BUNTSCHUH. Junge ... du bist noch nicht bei dir, Tobias ...

BUNTSCHUH. Tobias ... sehr wohl ... der Hexenmeister Tobias ... aaah ... *Halb Gähnen, halb Seufzen.* Tobby, der Mann mit den Regimentern aus lauter Zahlen ... und nicht nur immer auf dem Papiere ... Tobby, der Allerweltsgoldzusammentreiber ... Tobby, der winzige Spinnenleib mit den großen Mutteraugen ... Tobby, der ewig Ungestillte ... Tobby, der ums Leben Betrogene ... Tobby, der seine Arme ausstreckt nach dem Tröpflein Seligkeit Gottes ... und greift nur immer in leere Luft ...

MUTTER BUNTSCHUH. Tobias ... was redest du nur für unsinniges Zeug ...

BUNTSCHUH. Jawohl ... jetzt bin ich gehörig eingeschraubt in die Daumschrauben ... und bin endlich einmal in der Lage, mich an Herrn Tobias Buntschuh direkt zu wenden ... so werde ich ihm also jetzt dieses unsinnige Zeug laut vorposaunen ...

MUTTER BUNTSCHUH. Meinetwegen, Junge ... da posaune es ihm nur vor, was dir aufs Herz drückt ... sage es um Gottes willen nur heraus ... ich bin ganz allein um dich ...

BUNTSCHUH *stöhnend.* Armes Herze ... armes Herze ... zwei müssen es sein ... die Mutter und der Sohn ... die müssen es sein ...

MUTTER BUNTSCHUH. Rede ... rede ... jedes Wort ist mir heilig ...

BUNTSCHUH. Engbrüstig bin ich ... den Brustkasten hat mir eine Übermacht eingedrückt ... verflucht bin ich mit mißgestaltetem Leibe ... eine quarrige Stimme ist mein Teil ... einen Höcker hat eine Übermacht aus mir herausgetrieben ... Scharfsinn ist mein Teil ... noch in der Todesminute werde ich die Zahl der Sekunden erjagen, die ich lebte ... wie es der Varietékünstler Beinhaus tat ... ja ... ich muß Tobias Buntschuh doch ein einziges Mal unter vier Augen die Wahrheit ins Gesicht sagen ... aaah ... *Halb Gähnen, halb Seufzen.* Mutter ... es ist noch ein ... Traum ... ich schlafe wieder ...

MUTTER BUNTSCHUH *leise vor sich hin.* Gottes Erbarmen ... so lange hat doch eine solche Ohnmacht noch nie gedauert ... *Sie hat geklingelt und läuft sofort an die Tapetentür, tut behutsam die Tür auf. Wartet einen Moment und spricht dann zum Diener hinaus.* rufen Sie ganz eilig Herrn Wendelborn ... er kennt ihn schließlich noch besser wie seine Mutter ...

DIENER FRANZ *leise.* Daß Herr Wendelborn überhaupt heut abend gar nicht mehr hergekommen ist, begreife ich auch nicht. *Ab.*

Siebente Szene

BUNTSCHUH *erwacht. Macht jäh die Augen auf. Richtet sich auf und sieht die Mutter lange an.* Aha ... na ja ... ich habe noch wüstes Zeug im Kopfe ... aber ich bin bewacht von den Mutteraugen ... und nicht von dem tückischen Kerle, dem Philipp ... der mich doch nur um alles beneidet ... und mir doch nur die wahre Seligkeit heimlich wegstiehlt ...

MUTTER BUNTSCHUH. Junge ... machst du endlich die Augen auf ...

BUNTSCHUH. Armes Herze ... um dich ist alles nur kalt und dürr im Leben ... Mutter ... schweige nur still ... wenn der eigenste Mensch mit dem eigensten Menschen innerste Zwiesprach gehalten ... und sich sozusagen die wahrste Wahrheit ins eigenste Herz geredet, da fühlt er den Kern ...

MUTTER BUNTSCHUH. Guter Junge ... jetzt bekommst du doch wieder ein bissel Farbe in dein bleiches Gesicht ... laß doch deine Mutter dich wenigstens streicheln ...

BUNTSCHUH. Mutter ... ja richtig ... du bist die Mutter ... das hat gar nichts weiter zu sagen: die Zärtlichkeit, die nutzt mir gar nichts ... die hat mich in die Falle nur wieder tiefer hineingetrieben ...

meine Mutter wird noch mit ihren Küssen über mich herfallen, wenn ich schon drei Tage auf der Bahre liege und stinke ... hahahaha ... *Er röchelt nach Atem.* ein stinkendes Genie ... das Streicheln nutzt mir gar nichts ... und wenn heute tausend freundliche Mutterhände mich streichelten ...

MUTTER BUNTSCHUH. Um unseres Heilands willen ... Tobias ... was redest du nur für furchtbare Dinge ... sage nur, was ist denn passiert in dieser einen Nacht ... gestern warst du noch stolz wie ein Pfauhahn, der das Rad schlägt ... redetest nur ewig von deiner großen neuen Erfindung ... sagtest geradezu: ein Stückel Gott, Mutter, bin ich ... sagtest sogar pfiffig: ein ziemlich großes Stückel Gott ist der göttliche Erfinder Tobias Buntschuh ...

BUNTSCHUH. Ja ja ja ... genug, genug ... von diesen hochtrabenden Redensarten ... Reichtum in meinen Goldschränken ist dafür mein Teil ... Mutter ... gib mir einen einzigen Menschen, der sich ohne Lohn und Gold für mich hinwirft ...

MUTTER BUNTSCHUH. Junge ... was willst du ... du wirst ja vergöttert ...

BUNTSCHUH. Nein, nein, nein ... gib mir einen einzigen Menschen, der sich ohne goldenen Lohn für mich hinwirft ...

MUTTER BUNTSCHUH. Denk doch an die Tausende deiner Leute ... die Leute verschlingen dich mit den Augen geradezu, wenn du auch nur eine Viertelstunde einmal durch deine Arbeitshallen gehst.

BUNTSCHUH. Nur einen einzigen Menschen, der sich ohne goldenen Lohn für mich hinwirft ...

MUTTER BUNTSCHUH. Tobias ... du weißt, wie dich die Größten im Lande selbst mit Ruhm und Ehre überhäufen ...

BUNTSCHUH. Einen einzigen Menschen, der sich ohne goldenen Lohn für mich hinwirft ...

MUTTER BUNTSCHUH *derb lachend.* Du bist einfach ein verrückter Kerl mit deinem Geschrei ... ich will einen in diesem Falle gar nicht erst nennen ...

BUNTSCHUH *plötzlich ganz gehässig verwandelt.* Nein, nein, nein, nein ... erwähne *den* ja nicht ... erwähne *den* ja nicht ... lehre mich ja nicht Menschen kennen ... ich bin scharfsinnig wie Gott ... ich durchblicke die Menschen alle, als wenn sie von Glas wären ... für mich lauert hinter allen nur leere Gier, die mich hungrig anstarrt ...

MUTTER BUNTSCHUH. So ... guck mir gefälligst in meine Augen ...

BUNTSCHUH *greift seinen Silberspiegel aus der Tasche. Starrt in den Spiegel.* Ich kenne die Augen ... es sind dieselben ... sie sind nur Armut ... die Welt versagt ihnen nichts als die Stillung ...

Er gleitet an der Mutter, die ganz nahe vor ihm steht, plötzlich nieder und weint in ihrem Schoße bitterlich.

Achte Szene

Wendelborn kommt behutsam herein. Stutzt und geht nur zögernd dann näher. Mutter Buntschuh streichelt liebevoll das Haar von Tobias.

BUNTSCHUH *ohne Wendelborn zu sehen.* Mutter ... noch im Tiefdunkel sehe ich jetzt tief in deine Augen hinein ... auch deine Augen sind nur die Augen der tiefsten Sehnsucht, die erst der Tod selig macht ... jetzt liege ich vor dir ... und du ringst die Hände ... und fühlst mein Blut sich zu Tode frieren ... wenn du mich wärmen kannst, wärme mich, Mutter ...

WENDELBORN *plötzlich sanft sprechend.* Aber ... lieber Kerl ... hast du wieder einmal deine irrsinnigen Stunden ... und bist deshalb auch nicht mehr zum Souper ins Astorhaus gekommen ...

Buntschuh erschrocken, hebt seinen Kopf, ohne ihn zu wenden. Bleibt so mit gesenktem Kopfe vor der Mutter knien. Horcht. Löst sich noch immer, ohne sich zu wenden, von der Mutter. Erhebt sich ganz starr, als hätte er nur eine innere Stimme gehört.

MUTTER BUNTSCHUH. Tobias ... siehst du nicht, wer da ist ... Philipp kommt dir zu Hilfe ...

BUNTSCHUH. Wer ... Mutter ... wer ist hier ...

MUTTER BUNTSCHUH. Philipp ist hier ...

BUNTSCHUH. Nein ... Philipp ist nicht hier ... das ist gar nicht möglich ...

MUTTER BUNTSCHUH. Ich habe ja doch nach Philipp geschickt ... was ist denn jetzt um Gottes willen noch zwischen euch gefahren ... Philipp, man stürzt ja aus einer Aufregung in die andere ... habt ihr denn wirklich etwas miteinander gehabt, was je ernstlich werden könnte ... bei Ihrer Güte ... lieber Philipp ...

BUNTSCHUH. Nein ... Philipp ist nicht hier ... das ist gar nicht möglich ... schicke gleich, daß er ja nicht ins Haus tritt ...

MUTTER BUNTSCHUH. Nun höre mich einmal an, Tobias ... da gibts nämlich für mich gar kein Federlesen ... mit den siebenundsiebzig Jahren, die ich alt bin, werde ich mir meine gesunde Vernunft noch vollends bewahren ... ich stehe zu Herrn Philipp Wendelborn ... du hast Philipps Hilfe sehr nötig ... du hast seine aufopfernde Liebe sehr nötig ... du hast seine heitere Lebenskraft sehr nötig ...

BUNTSCHUH *hartnäckig*. Nein, Mutter ... ich habe weder seine Hilfe nötig ... die mir meine Leere doch nicht stillen kann ... noch habe ich seine aufopfernde Liebe nötig, die doch im entscheidenden Moment zu keinem letzten Opfer bereit ist ... noch habe ich am allerwenigsten seine Fröhlichkeit nötig, deren Grund ich schon kenne ...

WENDELBORN *ungerührt*. Natürlich ... das ist ja das alte, törichte, gehässige Gewäsch ...

BUNTSCHUH *ermannt sich plötzlich, rückt sich zusammen und beginnt hin und her zu gehen*. Ja ... entschuldige nur ... daß du mich noch jetzt am Morgen so gentlemanlike antriffst ... und in einer so erniedrigenden Lage vor meiner Mutter wie einen dummen Jungen ...

WENDELBORN. Sei du nur froh, Tobby, daß du in deiner mißtrauischen Seelenangst noch immer deine alte Mutter hast, vor der du trotz deines Genies immer ein dummer Junge bist und bleiben mögest ... bis an dein Lebensende ...

BUNTSCHUH *sehr spitzig*. Ja, ja ... das ist sehr richtig, Mutter ... es ist in dieser menschlichen Hülle schließlich furchtbar egal, bis zu welchem Grade von Jämmerlichkeit und albernem Verlangen der Mensch herabsinkt ... es handelt sich ja im Grunde überall nur um die lächerlichsten Bagatellen ... über die ich mit meiner Mutter hier ganz allein zu verhandeln Lust habe ... das begreife jetzt endlich ... bitte ... und gehe ... es ist ja noch der zeitigste Morgen, wirklich ... ich liebe es durchaus nicht, von meinen Freunden so zur Unzeit überlaufen zu werden ... also ...

WENDELBORN. Du, Tobby ... du kennst mich ... wenn ich am Verrat an der Freundschaft durch dich hätte sterben können, da müßte ich schon eines zehnfachen, verachteten Todes gestorben sein

... in diesem Punkte stehe ich fest wie eine Säule aus Jafpisstein ... und befinde mich, wie du weißt, völlig über der Situation ... ich habe nämlich ein hohes Ziel ... von dem ich glücklicherweise nicht abzuirren brauche ... der Name Tobby ... der bedeutet für mich ... weißt du ... der elektrisiert alle meine Glanzgefühle ... da brauche ich also gar nicht erst erhaben zu wollen, wie Schiller sich so klassisch ausdrückt ... diese Freundesliebe sitzt mir nämlich im Blute und läuft also deshalb ganz von alleine ... verstehst du ... sag mir nur, Guter, was gibt es ... was hat es ...

MUTTER BUNTSCHUH *ist an die Tür gegangen. Noch immer Schritt für Schritt eifrig mit zuhorchend.* Jetzt richten Sie ihn noch vollends auf, Philipp ... das ist recht ... da brauche ich nicht erst groß noch weiter zuzuhorchen ... da will ich lieber jetzt nach dem Vater sehen ...

BUNTSCHUH *noch immer gereizt.* Du gehst, Philipp ... Mutter bleibt ...

MUTTER BUNTSCHUH. Sei nur vernünftig und füge dich endlich ...

Buntschuh steht nur immer wieder in harter Abwehrhaltung.

WENDELBORN *sieht Tobias lange prüfend an. Es bleibt eine Weile stille.* Gott ... ich ahne ja schließlich jetzt die Geschichte ... Tobby ... es täte mir wahrhaftig leid, wenn ich in meiner Döserei wirklich etwas gegen dich verfehlt haben sollte ... zunächst erlaube, daß deine gute Mutter hinausgeht ... hörst du, Tobby ...

Buntschuh antwortet nicht.

WENDELBORN. Ich bitte dich jetzt herzlich ... sag's deiner Mutter ausdrücklich selber ... und zwar sehr freundlich ... diese Genugtuung bist du mir schuldig ... denn wir sind Freunde ... und reden wie Freunde ... auch wenn einer einmal gegen den anderen etwas verfehlt hat ...

BUNTSCHUH. Mutter ... meinetwegen ... gehe

Mutter Buntschuh geht lächelnd durch die rechte Tür vorn ab.

Neunte Szene

WENDELBORN. Nun also los ... mit meiner hohen Rede ... lieber Tobby ... ich müßte nämlich nicht Philipp Wendelborn heißen ... mir aus der Welt der Vorteile und Zwecke dieses Lebens nie das Allergeringste ... um so mehr aber aus der lieblichen Kunst der Verklärung dieses armen Daseins gemacht haben ... nein ... so komme ich nicht weiter ... ich ahne nicht nur ... dein Zustand beweist mir, daß du wieder einmal in den tiefsten Schmerzen deiner Sehnsucht lebst ... daß dein innerstes Gefühl aufgescheucht ist ... daß du nach etwas fahndest, was dir mehr gilt als alles Leben ... und aller Scharfsinn und aller Reichtum dazu ...
BUNTSCHUH. Philippchen ... diese Luisa und alles derartige Weibsvolk ist mir immer völlig zuwider ...
WENDELBORN. Jag sie in die Sümpfe, wo sie hingehört ...
BUNTSCHUH. Du kannst das gut sagen ... um dich reißen sich alle ... die Bösen und die Guten ... du hast in dir eine solche Fülle von Liebe und Güte, die alle einfach zu dir verlockt ...
WENDELBORN. Tobby ... nun also klar ... warum kamst du also nicht mehr zum Souper ... bloß um Fräulein Luisa nicht mehr zu begegnen ...
BUNTSCHUH. Ich hatte nur einen einzigen, tödlichen Gedanken immer ... an die kleine, sanfte Radiana dachte ich nur immer ...
WENDELBORN. Jetzt mache ich mir wirklich Vorwürfe, Tobby ... das hätte ich mir, weiß Gott, gleich von Anfang an denken können, daß deine Leidenschaft wieder einmal ernster dich zernagen würde, als sie so plötzlich wie vom Himmel gefallen vor uns stand ... selbstverständlich hat dir dieses stutzige Ding in seiner köstlichen Unnahbarkeit den tiefsten Eindruck gemacht ... aber warum sprichst du davon nicht offen ... warum verschließt du dich gegen mich ... hältst du mich etwa ... pa ... für einen Gauner ... hattest du mich etwa schon im Verdacht ... weil ich sie doch durchaus mitbringen wollte ... und weil ich sie nirgend mehr finden konnte ... lieber Kerl ...
BUNTSCHUH. Philippchen ... ich hasse diese Luisa ... ich hasse alle Frauenzimmer, die nur nach dem Goldregen in den Schoß hungern ... ich sehne mich nur nach dieser kleinen Radiana ...

WENDELBORN. Radiana … du … ja … hahahaha … das wird eine Königstochter sein … verkappt als Gauklerdirne … du bist ja doch aber auch so ein sonderbarer König … warum solltest du nicht diese Gauklerdirne heiraten … du hast ja schließlich nach nichts weiter als nach deinem Glücke zu fragen … ganz im Ernste … vielleicht ist das Mädelchen in seiner Seelenreinlichkeit geradezu extra für dein Glück gemacht … tapfer … wahr und klar … streng könnte man sagen … so jung die ist … ihr Gefühl läßt die sich nicht trüben … aber, Tobby … daß du dabei offenbar mich in dein Mißtrauen und deine Eifersucht plötzlich einschließt …

BUNTSCHUH. Ich hab doch immer wieder vor dem Hotel gestanden … und ewig auf dich und sie gelauert …

WENDELBORN *seine Erinnerung suchend.* Ja Gott … Radiana hat mir unversehens einmal die Hand geküßt … nun … und das war, wie ich mich jetzt sehr genau erinnere, als ich meinen Freund Tobias Buntschuh in alle Himmel lobte … und sie ist doch auch ausdrücklich über deine Parkmauer geplankt … nicht um mich, sondern um dich genau zu betrachten … *Fährt auf.* gestern nacht … du … ich hatte ja doch erst bei der Kleinen ewig in der Garderobe gesessen … weil sie es hartnäckig ablehnte, mit zu deinem Souper zu kommen … und schließlich mußte ich ihr noch nachlaufen in die Nacht … hahahaha … armer Hungerleider … du hast also wirklich einsam, in deinen Mantel gehüllt, beständig vor dem Hotel gelauert … Mensch …

BUNTSCHUH. Und wie ich dich dann ohne sie kommen sah … so eilig mit dem Auto kommen sah … und so befriedigt …

WENDELBORN. Dachtest du, ich hätte dich schon mit ihr betrogen …

BUNTSCHUH. Bin ich völlig von Sinnen geraten …

WENDELBORN. Ich habe sie ja gar nicht mehr finden können … hatte mir ja nur unsinnig die Zeit verrannt … hahahaha … mir fällt ein Stein von der Seele … Gott sei Dank … daß wir uns wieder offen und gerade ins Auge sehen … ich hätte dich wirklich besser kennen sollen … weiß ja doch, daß du gerade in einer solchen Lage empfindsamer und züchtiger und verschwiegener bist wie ein Gralsritter … nun nochmals, lieber Tobby … im Ernste … gewinne sie dir … sie wird ja doch kommen … du kannst sie dann prüfen … wirst sie natürlich wie eine zarte Teeblüte behandeln …

BUNTSCHUH. Philippchen ... ob sie sich wohl ihr Herz aus der Brust reißen ließe für einen armen Aussätzigen wie ich bin ... ob sie wohl ihr Leben hingeben möchte, um mich noch einmal zu einem strahlenden, schlanken, gesunden Manne zu machen ...

WENDELBORN. Tobby ... es gibt Fragen, die kann der größte Narr nicht beantworten ... die kann nur der Glückliche erleben ... vor wahrer Liebe, die sich für Leben und Seele des andern völlig verwirft, steht man vor dem Kleinod, das auch der Goldschmied Wendelborn noch nicht zu fassen vermag ... hahahaha ... aber ich sag dir, Tobby ... darin herrscht in dieser Welt auch manchmal noch die tollste Verwirrung ... denn manchmal fällt gerade auf den leersten Esel die keuscheste, reinste Seele ...

Buntschuh sitzt jetzt ganz in sich eingehockt und demütig da.

WENDELBORN *streichelt ihn.* Tobby ... ruhe dich jetzt von dieser schrecklichen Irrfahrt aus ... leg dich jetzt schlafen ...

BUNTSCHUH *während er sich zögernd erhebt, den Spiegel herausgenommen hat und wieder hineinstarrt. Vor der linken, tieferen Tür.* Philippchen ... gucke mir über die Schulter ... gucke mit in meinen Silberspiegel hinein ... sieh dir die eklige Denkspinne an ... graule dich nicht ... und dann sage es mir noch einmal, ob du wirklich für mich noch Hoffnungen hegst ... dann will auch ich wieder glauben ...

Er wendet sich mit dem Blick wieder nach Wendelborn.

WENDELBORN *bleibt auf der Stelle stehen und schließt nur seine Augen.* Ich trage ja deine drollige Leiblichkeit in meine Augen eingeätzt ... geliebter Tobby ... ich sehe dich schon bei geschlossenen Augen ganz genau ... bis auf den Floh auf deiner Nase ... nun also ... so sage ich dir ... träum dir die kleine, graue Motte einstweilen ins Dunkel deines Schlafzimmers hinein ... daß sie dir über deinem Bette Ruhe fächle ... Lotte Grasmück scheint auch ein Sonderling wie du ... sie scheint vom Leben gar nichts zu erwarten ... will wohl nur gutmütig irgendeinem Geliebten dienen ... *Mit anderem Tone.* aber, Tobby ... dein verfluchtes Mißtrauen ... diese richtig eingekerkerte Eifersucht ... darin bist du unheilbar ... vielleicht wirst du nie wissen, was Liebe ist ... deswegen wirst du auch nie wissen, was ein

Narr der Freundschaft ist ... und daß ich dein Freund bin in allen Lagen ...

BUNTSCHUH. Setze mir ihr kindliches, gläubiges Herz in meinen zerdrückten Brustkasten ein, damit mein Leben noch einmal neu werde ... lieber Freund ...

Er geht ab, von Wendelborn bis an die Tiefentür links begleitet.

Zehnte Szene

MUTTER BUNTSCHUH *guckt sofort aus der anderen Tür herein. Ganz leise.* Ist er beruhigt ...

WENDELBORN. Sein schneidender Scharfsinn steht in geradem Verhältnis zu seinem Mißtrauen ... er ist also auch ein Genie des Mißtrauens ... aber die Freundesliebe überwindet alles ...

MUTTER BUNTSCHUH. Ich danke Ihnen tausendmal, lieber, guter Philipp ...

Während beide abgehen.

Der Vorhang fällt.

Fünfter Akt

Im Gartensaal am Tage. Der Gartensaal ist überall auffällig mit weißen Lilien geschmückt.

Erste Szene

MUTTER BUNTSCHUH *ein wenig altertümlich aufgetakelt. Aber wie eine ganz einfache Frau. Sie kommt von der vorderen Tür rechts.* Ja, bitte … kommen Sie nur herein …

Radiana im schlichtesten Straßenkostüm, einen Strauß in der Hand, folgt ihr.

MUTTER BUNTSCHUH. Kommen Sie … kommen Sie … seien Sie ja nicht schüchtern … bringen Sie meinem Sohn die schönen Blumen …

RADIANA *in ihrer stutzigen Art.* Ja … jawohl … für Herrn Tobias Buntschuh …

MUTTER BUNTSCHUH. Nun ja … freilich … heute … wo die ganze Welt seinen Geburtstag feiert … woher kommen Sie denn …

RADIANA. Ich bin aus dem Zirkus … ich heiße Lotte Grasmück … ich bin ein Schlangenmädchen … Gott … Sie machen auch einen so einfachen Eindruck … sind Sie die Mutter …

MUTTER BUNTSCHUH. Ja ja … die sehr einfache Mutter von dem sehr berühmten Sohne …

RADIANA. Ich bin auch ein anständiges Mädchen … Sie dürfen nicht etwa denken, weil ich aus dem Zirkus bin … da denken manche gleich, man müßte durchaus ein niedriger Mensch sein … und um einen Judaslohn käuflich sein …

MUTTER BUNTSCHUH. Ih Gott … käufliches Volk gibt es überall … Buhldamen gibt es auch unter den Prinzessinnen … aber Leute, die auf Menschenwürde und Frauenehre halten, gibt es auch genug unter dem Arbeitsvolke, das sich im Schweiße seines Angesichtes seinen Bissen verdient … kommen Sie nur … setzen Sie sich nur … von wem bringen Sie denn die Blumen …

RADIANA. Nein … gar nicht von jemand … ich habe mich selber aufgemacht … Herr Wendelborn meinte, ich müßte zu Herrn Tobias Buntschuh selber hingehen … ihm die schönen Rosen selber hintragen … nein … was nur Herr Buntschuh für einen übermenschlichen Scharfsinn besitzen muß … wenn er sich aus so kleinen Verhältnissen herausgearbeitet hat … und einer der reichsten und mächtigsten Erfinder geworden ist … ein richtiger Hexenmeister muß er doch sein … ich habe nämlich Herrn Buntschuh sehr gern … weil ihn auch Herr Wendelborn so gern hat … und ihn geradezu mehr liebt, als vielleicht die eigene Mutter oder gar eine Geliebte … überall sind hier weiße Lilien aufgestellt, wie schön …

MUTTER BUNTSCHUH. Ja … sehen Sie … nur weiße Lilien will er an seinem Geburtstage in Hülle und Fülle um sich haben … er riecht sie so gerne … und starrt richtig sehnsüchtig in die weißen Kelche hinein … es ist das ein Wahn schon aus der Kinderzeit … er behauptet, daß ihm die weiße Lilie gerade an diesem Tage etwas Besonderes erzählte … Gott ja … Reinheit und Unschuld duftet die Lilie … aber alles Reden an diesem Tage haßt er sonst … wo er ohnehin nicht immer alle Beglückwünschungen verhindern kann … also Lotte Grasmück heißen Sie … und sind aus dem Zirkus … so ach … Sie glauben gar nicht, was zu diesem Menschen, der so vielen Arbeit verschafft, nicht alles für Leute kommen, die sich an ihn drängen … und die er nicht gut abweisen kann …

RADIANA *die sich immer heimlich scheu umgesehen.* Nämlich … einmal war ich schon hier … da war ich zwar nur übergeplankt einfach … aber damals war ich noch ein dummes albernes Ding … obwohl das Damals nur ein paar Tage her sein kann … damals kam ich nur hierher, weil Herr Wendelborn den Zirkusleuten Herrn Buntschuh so schön und so drollig hilflos geschildert hatte … ist denn Herr Wendelborn jetzt nicht auch hier?

MUTTER BUNTSCHUH. Ach Gott … wo könnte der denn immer gleich hier sein … Herr Wendelborn ist ja richtig gehetzt zwischen der ewigen Bedürftigkeit meines Sohnes und seinem eigenen stillen Hause und seiner Werkstatt … das geht manchmal den ganzen Tag hin und her … wollen Sie ihn auch sprechen …

RADIANA. O nein … nur komme ich eben gerade auf Herrn Wendelborns Befehl … ich muß nämlich alles tun, was er mich heißt … kennen Sie dieses eigentümliche Gefühl, Frau Buntschuh … oh …

ich möchte Ihnen gerne noch viel mehr sagen ... Sie machen so einen Vertrauen erweckenden Eindruck, Frau Buntschuh ...

MUTTER BUNTSCHUH. Sprechen Sie nur ...

RADIANA. Nein, wirklich ... ich kannte dieses eigentümliche Gefühl noch gar nicht ... da ist plötzlich eine runde Seligkeit in einem Weiberherzen, wenn da vor uns ein Mensch ist, dem man sich nur dienend zu Füßen werfen möchte ... der einen im Scherze nur so ausblasen könnte, wie ein goldenes Licht ... weil seine Seele so einfach und so schön ist ... sehen Sie ... ich bin doch nur wie ein Dressierpferd aufgewachsen ... da kannte ich das noch gar nicht ...

MUTTER BUNTSCHUH *sie anstaunend*. Ja ja ... oh ... da haben Sie ein sehr richtiges Gefühl ... nur Gott konnte meinem Tobias einen solchen Freund geben wie Wendelborn ... ein solcher Freund ist eine Gnade ... wo so die Treue dazu gehört wie der lebendige Atem ... wenn nur mein Sohn Tobias das immer richtig erkennte ...

RADIANA *einigermaßen unruhig sich umblickend*. Wollen Sie aber nicht Herrn Tobias Buntschuh benachrichtigen, wenn er mich überhaupt empfangen mag ...

MUTTER BUNTSCHUH. Ja, liebes Kind ... Tobias ... stören darf ihn auch heute niemand ... ich glaube, er arbeitet noch ...

RADIANA. Oh ...

MUTTER BUNTSCHUH. Aber er weiß es, daß Sie da sind ...

RADIANA. So ... wie weiß er denn das ...

MUTTER BUNTSCHUH. Er hat es ausdrücklich so angeordnet ... sonst hätten wir Sie gar nicht in den Gartensaal führen dürfen ...

RADIANA *lachend*. Nein ... ich bin heute so ausgelassen ... ich war so fröhlich, daß ich Herrn Wendelborn den Gefallen tun konnte ... und hierhergehen mit den Blumen ... sehen Sie doch an ... diese Rosen ... und ich bringe noch ein ganzes Herz voll froher Wünsche mit für Herrn Buntschuh ... Ihnen, Frau Buntschuh, könnte ich, glaube ich, viel mehr sagen, als es überhaupt anständig ist, aus seinem vollen Herzen herauszuplaudern ... gewiß weiß ich, wie einsam Herrn Buntschuh sein Scharfsinn immer zurückläßt ... er muß ja entsetzlich sein Hirn zermartern für alle die fremden Leute draußen ... Herr Wendelborn sagt, daß er manchmal eine gellende Leere davon zurückbehielte ... deshalb komme ich mit innigem Mitleiden für Herrn Buntschuh ... wenn sogar Herr Wendelborn im Grunde

genommen sein ganzes Leben nur durch diese Brille sieht ... ja ... Sie lachen, aber es muß wohl wahr sein ...
MUTTER BUNTSCHUH *lächelnd.* Ja ja ja ... es ist wahr ... jedes Wort ist wahr ... *Sie sieht auf, blickt sich um und horcht.* ist denn jemand hier ... *Pause.* Franz ...
RADIANA. Ja ... ich hörte es auch ... eine Tür quiekte ... ich glaube, es ist die Tapetentür dort, die sich eben ganz leise schloß ...
MUTTER BUNTSCHUH. O Gott ... ich habe in einer kleinen Wärterbude ein halbes Leben zugebracht ... und da hatte man Fenster ... zwei ... sah ins offene Grüne ... und zum Himmel hinauf und eine Tür und damit genug ... und anfangs noch den Jungen im Wagen ... und nichts ... *Lachend.* gar nichts Bedrohliches ... manchmal rauschte der Zug vorbei ... das war unsere Uhr ... aber hier gibts Schlupflöcher und Gänge und Türen ... und alles horcht aneinander herum ... *Sie ruft.* Franz ... es wird einfach ein neugieriger Diener gewesen sein ...
RADIANA. Ja ja ... die Menschen sind alle nur furchtbar neugierig ... weiter steckt ja gar nichts dahinter ...
MUTTER BUNTSCHUH *rufend.* Franz.
RADIANA. Oh, lassen Sie nur, Frau Buntschuh ... ich gehe jetzt lieber ... ich bin auf einmal auch ängstlich geworden, ob ich überhaupt recht getan habe, hierher zu gehen ... wenn ich es Herrn Wendelborn auch gerne zu Gefallen getan ...
MUTTER BUNTSCHUH *sich wieder beunruhigt umsehend und an die Tür herangehend.* Tobias ... bist du es ... Tobias ... er kann ja doch auch nicht mehr ewig arbeiten ... er muß sich ja doch jetzt für den großen Empfang herrichten ...

Sie ist zurückgekommen an den Tisch und klingelt.

Zweite Szene

DIENER FRANZ *erscheint aus der Tapetentür.* Zu Befehl, Frau Buntschuh ...
MUTTER BUNTSCHUH. Kommt denn endlich mein Sohn ... das Fräulein hat Eile ...
DIENER FRANZ. Das glaube ich nicht ... ich will noch einmal sehen ...

Sogleich ab.

Dritte Szene

MUTTER BUNTSCHUH. Er tut so dumm ... er macht ein so unbestimmtes, verlegenes Gesicht ...

Vierte Szene

DIENER FRANZ *erscheint sogleich wieder.* Nein, Frau Buntschuh ... der gnädige Herr kann noch nicht kommen ... er kleidet sich soeben erst um ... er bittet seine Frau Mutter ausdrücklich, das Fräulein noch ein wenig weiter mit Plaudern aufzuhalten ...
MUTTER BUNTSCHUH. Was soll denn das wieder heißen: mit Plaudern aufzuhalten ... nicht ... wir haben schon genug geplaudert ... wie lange soll denn das Plaudern noch dauern ... waren Sie nicht schon vorhin hier an der Tapetentür ...
DIENER FRANZ. Daß ich nicht wüßte ... Frau Buntschuh ...
MUTTER BUNTSCHUH. Na ... das kam mir aber sehr verdächtig vor ... wer war denn da das neugierige Langohr, möchte ich nur wissen ...
DIENER FRANZ. Keine Ahnung, Frau Buntschuh ...
MUTTER BUNTSCHUH. Nein, nein ... da werden Sie natürlich keine Ahnung haben, wenn ein so liebes Ding hier bei mir im Gartensaale sein Herz ausschüttet ... nun gehen Sie nur ...

Diener Franz mit Achselzucken ab.

Fünfte Szene

MUTTER BUNTSCHUH. Ach Gott ... in diesem Hause des Reichtums ist einer alten, einfachen Frau wie mir auch immer ganz unheimlich zumute ... ja ... liebes Fräulein Grasmück, nicht ... mit meiner Not will ich Sie gar nicht erst plagen ... also erzählen Sie mir lieber noch etwas von ihrem kindlichen Leben ...
RADIANA. Ich weiß nichts ... ich habe ja gar nichts in mir ... oder doch ... eigentlich habe ich seit Tagen ein ganzes Konzert in mir

... und immer nur alle seligen Töne um *einen* Menschen geschlungen ...

MUTTER BUNTSCHUH. Ja, ja, ja ... das kann ich mir schon denken, daß Ihnen auch ein Mensch wie Tobias ungeheuren Eindruck macht ... mit seinen Erfolgen ... Sie sind noch jung ... auf Prunk und Reichtum müssen Sie im Zirkus auch sehen ... alle wissen schließlich, daß er das Gold nur so in Scheffeln ausschüttet, wenn er einmal in Gebelaune ist ...

RADIANA *stutzig*. Nein ... Herrn Tobias Buntschuh meine ich nicht ... ach Gott ... eben, das ist es ja, was ich mir gar nicht getraue, Ihnen laut heraus zu sagen ... ein gewöhnliches, törichtes Mädel wie ich bin ... jetzt habe auch ich eine Last zu tragen ...

MUTTER BUNTSCHUH. Sagen Sie es ruhig ... klagen Sie ruhig ...

RADIANA *erregt*. Ich will gerade wie meine Mutter sein ... auch meine Mutter hat in ihrem ganzen Leben nur einen Mann lieben mögen ... nur immer denselben ... durchaus nicht, weil es ihr nur Pflicht war ... nein ... ganz und gar nicht ... nur, weil es ihr alle Seligkeit ... und Sinn und Lust und alles bedeutete ... bis dann der Vater bei einem Sprunge in der Manege stürzte und gestorben war ... die sich nie wegwarf ... nur immer ein und dieselbe Liebe im Herzen hatte ... so daß der Vater die Mutter auch wert und teuer hielt ... nie mochte, daß Weib und Kind in der Manege irgend etwas täten ... die Leute im Zirkus wußten überhaupt gar nicht, wo sein Weib und sein Kind wohnten ... bis dann nach seinem Tode ich an die Reihe kam, für meine Mutter das Leben zu verdienen ... weil ich so schlank und geschickt war ...

Sie hat sehr entschlossen gesprochen. Aber sie wischt sich plötzlich die Tränen.

MUTTER BUNTSCHUH. Weinen Sie nicht, liebes Kind ...

RADIANA. Nein, nein ... ich bin gar keine junge Henne, die ewig nur gackert ... und dann das Ei nicht bebrütet ... und eine Heultrompete bin ich am wenigsten, die alles dumme Gefühl immer hinaustuten muß ... ich weiß sehr genau, was ich bin ... ich bin ein Zirkusmädel und mache meine Sprünge ... und kann mir dabei noch immer die Welt betrachten ... aber Reichtum und Glanz und Scharfsinn ... und alle Tugenden der Menschen dazu ... locken mich gar nicht ... da mache ich mir einen Dreck draus ... mag ich eine Herumzieherin sein ... mögen wir ruhig weiterziehen ... da werde ich nur an Herrn Wendelborn denken ... und mein Herz wird sich in Augenblicken zersehnen nach dem verlorenen Himmelreich ... und wenn ich werde einen beliebigen Mann haben ... und Jungen und Mädel von ihm haben ... da werde ich es ihnen einbläuen ... seid ja kein Freund wie Herr Wendelborn ... damit ist die Seligkeit nicht zu erreichen, wenn man Glück und Liebe und das letzte nur für seinen Freund hinwirft ...

MUTTER BUNTSCHUH *ordentlich erschrocken.* Fräulein Grasmück ... Kindel ... was Sie nur für eine kleine, kluge, energische Person sind ... nein ... ich höre ...

RADIANA. Jawohl ... nun sollen Sie auch das Äußerste noch hören, Frau Buntschuh ... *Jetzt weint sie plötzlich heraus.* es ist ein Blödsinn, was Herr Wendelborn sich denkt ... ich bin kein verworfenes Herze, wie Herr Wendelborn sich das denkt ... ich kann nicht aus Mitleid kommen und die Liebende spielen, mit Rosen und Blumen und Grimassen im Gesicht ... ich kann doch nicht einem beliebigen Manne mit Narde die Füße salben ... und sie dann mit meinem Haare abtrocknen womöglich ... Herrn Wendelborn könnte ich Leib und Seele hinwerfen und nach gar nichts fragen ... aber sonst für niemand ... und nicht um allen Reichtum und alle Ehren ... es wäre denn, daß ich mich aus Mitleid hingeben müßte, um dabei zu verderben und zu sterben ...

MUTTER BUNTSCHUH. Geliebtes Kindel ... mein Gott ... komm ... ich muß dich küssen ... komm ... seien Sie nur einer alten Mutter nicht böse ... ich muß Sie im Arme halten ... ich halte den größten Schatz auf Erden im Arme ... und mir ist, als wenn ich in diesem Gartensaale auf einmal die reinste Himmelsluft spürte ... ach ... du unglücklicher Tobias ... mit all deinen Reichtümern und all deinen Erfindungen ...

Sechste Szene

Die Tiefentür links tut sich auf. Tobias im Frack erscheint. Mit Ordenszeichen. Steif und bleich.
Radiana springt auf. Ganz scheu plötzlich. Versucht ihre Erregung zu verbergen.

BUNTSCHUH. Guten Morgen ... guten Morgen ...
RADIANA *ganz scheu.* Oh ... guten Morgen, Herr Buntschuh ...
BUNTSCHUH *spitzig.* Nun ... das sollte wohl eine Umarmung bedeuten ... was stelltest du denn gerade für eine Gruppe, Mutter ...
MUTTER BUNTSCHUH. Höhne du nur ... hier klagt ein Weib einem anderen Weibe das tiefste Leiden und die höchste Seligkeit ... und zwei Weiber erkennen einander ... jung und alt ... in ihrem tiefsten Gefühle ...
BUNTSCHUH. So so so ... das klingt ja sehr hochtrabend, Mutter ... ja ... also ... Fräulein Radiana ... oder wohl besser Fräulein Lotte Grasmück ... nicht wahr ... eine so uralte Frau, wie meine Mutter, hat schon die Weisheit der alten Parze, die nur noch darauf wartet, den Lebensfaden endlich ganz durchzuschneiden ... weil sie sich einbildet, er tauge doch nichts ... und Sie kommen trotzdem mit Blumen zu mir ... wie ...

Mutter Buntschuh starrt den Sohn nur an.

RADIANA *sehr demütig und verlegen.* Ich komme ... ja ... doch an diesem Tage heute ... gewiß ... mit Blumen ... zu Ihnen ...
BUNTSCHUH. Ich bin nämlich noch immer nicht reif geworden, mich nach nichts mehr wie nach dem Tode zu sehnen ... und womöglich mit meinen neununddreißig Jahren schon nur zu arbeiten und in der Zwischenzeit bloß ins Grabloch zu starren, das auf mich wartet ... wie es meine Mutter immer betreibt ...
RADIANA *ganz erschrocken.* Oh ... Sie sollen nicht so grausam und rücksichtslos sein zu Ihrer alten, ehrwürdigen Mutter ...
BUNTSCHUH. Ach was ... die Wahrheit ist immer rücksichtslos ... das merken Sie sich nur ... kleines Fräulein ...
MUTTER BUNTSCHUH *die den Sohn wegen seines gereizten und erbleichten Gesichtes nur immer angestarrt hat, erhebt sich in Gedanken und geht Schritt um Schritt rückwärts gegen die Tür.* Werden Sie fertig mit ihm ... nach dem, was er vom Leben erwartet ...
RADIANA *ängstlich nach ihr blickend.* Liebe Frau Buntschuh ...
MUTTER BUNTSCHUH. Liebe Frau Buntschuh ... Mutter von einem Erfindergenie ...

Ab durch die Tür rechts vorn.

Siebente Szene

RADIANA *nach einer Weile ganz erschüttert und furchtsam.* Oh ... nun stehe ich mit Rosen in meinen Händen ... allein ...

BUNTSCHUH *geht prüfend um sie herum.* Na ja ... ich habe doch meinen Geburtstag heute ...

RADIANA. Nicht wahr ... ja ... eben ...

BUNTSCHUH *pfiffig lächelnd.* Hihihihi ... ich habe doch meinen Geburtstag heute ... da werden Sie mir doch die Rosen bringen ... da geben Sie mir doch die Rosen her ...

RADIANA. Ich war so erschrocken durch Ihre Rede ... gewiß ... *Sie reicht ihm die Rosen.* sind die Rosen für Sie ...

BUNTSCHUH *pfiffig blinzelnd.* Hihihihi ...

RADIANA. Ich kann mich noch gar nicht wieder zu mir finden ... ich hatte mit Ihrer Mutter so freundlich geredet ... jetzt bringe ich gar nichts aus der Kehle heraus ... nicht ein Wort von dem, was ich Herrn Wendelborn ausdrücklich versprochen habe ... ja ... ja ... tausend Wünsche hege ich für Ihr Wohlergehen ... für Ihr arbeitsreiches Leben ... das doch für Hunderttausende von Menschen so kostbar ist ...

BUNTSCHUH. Hihihihi ... natürlich ... ich bin doch ein berühmtes Erfindergenie ... ich bin doch ein angestauntes Erfindergenie ... hihihihi ... und stelle auch einen Mann noch dar, der sich selbst Leute wie einen Philipp Wendelborn halten kann ... hihihihi ...

RADIANA *ganz entsetzt.* Ach ... ich dachte doch ... Sie wären so demütig ... so bemitleidenswert ... Sie sind jetzt so anders ... Sie sind jetzt so grausam ... Sie sind so gefährlich ...

BUNTSCHUH *Radiana immer jäher nahe rückend.* Ja ... ja ... ich bin sehr gefährlich ... ich bin sehr gefährlich ...

RADIANA. Oh ... nicht doch ... als ich Sie zum ersten Male sah ... machten Sie einen so rührenden Eindruck ...

BUNTSCHUH *schreit plötzlich kläglich zum Himmel.* In meiner Armut ... mit meinem Höcker ... mit meinem Scharfsinn ... mit meinem Golde ...

Radiana rennt sinnlos zur Tür.

BUNTSCHUH *jäh.* Laufen Sie ja nicht ... sonst muß ich in meinem Schmerze noch lauter schreien ...

RADIANA *kommt zurück, nähert sich Schritt um Schritt nur Tobias, der noch aufrecht steht.* O Gott ... ich bete für Sie ...

BUNTSCHUH *fällt jetzt plötzlich auf die Knie nieder. Bettelnd.* Hihihihi ... Grasmückchen ... Grasmückchen ... Grasmückchen ...

RADIANA. Herr Buntschuh ... was wollen Sie denn von mir ... wollen Sie mich morden ...

BUNTSCHUH *immer kindlich bettelnd.* Grasmückchen ... Grasmückchen ... Lottchen ... du sollst mir das eiskalte Herze streicheln ...

RADIANA *auf Distanz, in sich kämpfend.* Nie ... nie ... nie ... nie ... nein ... ganz gewiß nicht ... ich kam doch nicht deshalb ... ich mag doch mit einem Manne kein Lügenspiel treiben ...

Buntschuh will sich ihr kniend nähern mit ausgestreckten Armen.

RADIANA. Huh ... nein ... ach ... lieber Herr Buntschuh ... Sie dachten doch nicht, ich wäre gekommen, wie Maria zu Jesus, um Ihnen mit Narde die Füße zu salben ... und sie dann mit meinem Haare liebend zu trocknen ... Sie dachten doch nicht, daß ich Sie mehr als bewundern könnte ...

BUNTSCHUH *kniet. Frierend. Zähneklappernd, indem er die Worte Radianas nachspricht.* Sie dachten doch nicht, ich wäre gekommen wie Maria zu Jesus, um Ihnen mit Narde die Füße zu salben ... und sie dann mit meinem Haare liebend zu trocknen ... Sie dachten doch nicht, daß ich Sie mehr als bewundern könnte ... *Er bricht plötzlich in ein sinnloses Gelächter aus.* hahahaha ... *Dann plötzlich schreit er scharf heraus.* gehen Sie ... gehen Sie ... gehen Sie zu dem verfluchten Schmarotzer ... gehen Sie zu dem verfluchten Schmarotzer ...

RADIANA *plötzlich sich zusammenraffend, jetzt mutig und stolz.* Herr Buntschuh kommen Sie zu sich ... bitte ... kommen Sie zu sich ... wohin meinen Sie, daß ich gehen soll ... wer ist denn dieser verfluchte Schmarotzer ... meinen Sie wirklich Herrn Wendelborn, der Ihr treuester Freund ist ... meinen Sie wirklich, daß ich zu Herrn Wendelborn hingehen könnte, mich ihm an den Hals zu werfen ... ach ... lieber Herr Buntschuh ... ich möchte so gern zu Herrn Wendelborn gehen ... und ihm mein ganzes Leben hinwerfen ... aber ich schwöre Ihnen hoch und teuer ... Herr Wendelborn braucht mein Leben so wenig ... nein, nein ... er hat ja einmal aus mir einen Briefbeschwerer aus Elfenbein und Golde für Sie gemacht ... sonst hat er mich nicht auch nur angesehen ... Herr Wendelborn hat ja so viel schönere Dinge immer zu tun, als sich um ein solches armes, dürftiges Eckerlein noch zu bekümmern ...

Buntschuh hat bei ihren Worten wieder seine herrische stolze Haltung angenommen.
Pause.

Achte Szene

WENDELBORN *erscheint sehr weltmännisch. Er ist im Frack. Tritt aus der rechten Tür vorn.* Sei gegrüßt, Tobby ... geliebter Freund ... potztausend diese Lilien ... großes, größeres, allergrößtes Erfindergenie ... ich bringe dir mein altes Herz ohne Hehl zum Geschenk ... *Vor dem Gartensaal ziehen jetzt eine Fülle Musikanten zum Ständchen auf.* auch die Staatsdeputation ist schon auf dem Wege ... also mußt du jetzt gefeiert werden ... *Draußen probiert unterdessen die Kapelle ihre Instrumente, während sich Wendelborn eine Rose aus einem Bukett bricht und ins Knopfloch steckt.* Nun ... Fräulein Lotte Grasmück ... das ist famos, daß Sie auch noch da sind ... haben Sie sich denn schon ein bißl mit meinem berühmten Tobias Buntschuh angefreundet ... *Er wirft plötzlich prüfende Blicke von Radiana zu Buntschuh und wieder zurück.* sieht er nicht mit seiner Lilie im Knopfloch großartig aus ... wie ... kleines, gutes Herze ...

Radiana sieht nur scheu und erstarrt auf Buntschuh und wagt ich nicht zu rühren.

WENDELBORN. Na ... jedenfalls müssen Sie jetzt machen, daß Sie fortkommen ... einstweilen passen Sie nicht hierher ... wenn jetzt all die berühmten Leute erscheinen ... die großen Minister ... und die großen Bürgermeister ... und alle die Prunkherren, wissen Sie ...

RADIANA *hat Wendelborn seine Worte vom Munde gelesen. Dann sagt sie bleich und kindlich.* Oh ... ich gehe schon, Herr Wendelborn ... *Ab.*

Neunte Szene

Diener sind draußen vor dem Gartensaal erschienen, die dort einige Tische mit Gläsern herrichten.
Mutter Buntschuh, der Vater Buntschuh hinter ihr drein, nun beide feierlich gekleidet, aber altväterisch und übereinfach, erscheinen.

BUNTSCHUH *der beim Eintritt Wendelborns noch wie versteinert dastand und nur, ehe Radiana verschwand, sie und Wendelborn fragend anstarrte, hatte sich in den Lehnstuhl niedergelassen. Er spricht die folgenden Worte mit strengem, großen Tone.* Mutter ... in deinem Mutterschoße bin ich für dieses Leben leibhaftig erwacht ... heute feiert Ihr meinen Geburtstag ... du hast mich geboren ... warum hast du mich nicht mit lauter Liebe erfüllt ... daß ich nur Liebe säete ... und Liebe erntete ...

MUTTER BUNTSCHUH *geht an ihn heran, ihm seinen Kopf zu streicheln.* Geliebter Junge ... ja ja ja ja ... ich wollte dich wohl immer und allezeit mit Liebe überfüllen ... schreib's nur deinem Schöpfer vor, wie es eine Mutter machen muß ... oder erfinde selber den Weg ... vielleicht kannst du's mit deinem Scharfsinn ...

WENDELBORN *psalmodiert ein wenig gezwungen, aber liebevoll.*

    Gibt's denn gar kein Wegerl ...
    Gibt's denn gar kein Stegerl,
    Das mich führet
    Aus der weiten Welt ...

Ach Gott ... geliebter Tobby ... wirf deinen Lebensschmerz von dir ... du wirst doch nicht gerade in diesem Hochmoment eine einsame Schmachtweise singen ... wie das Spinnenmännchen, wenn es um die Liebe des grausamen Spinnenweibes den Faden zupft ... hahahaha ... blase dich einmal ganz wieder auf, wie du es tausendmal tun kannst ... höre dir stolz den Dank der Welt an, den du wahrhaftig verdienst ...

BUNTSCHUH. Ist es wahr, Philippchen ...

WENDELBORN. Tobby ... hat je der wahre Ersinner großer Leistungen wirklich etwas zustande gebracht, ohne nicht tausendfältig auch zu entsagen ... solche Menschen, die für die Menschheit Entscheidendes taten, waren in gewissem Sinne zunächst immer einseitig ... und immer auch Märtyrer ...

BUNTSCHUH. Ist es wahr, Philippchen ...

WENDELBORN. Aber ich fühle dich auch als kühnen, stolzen Sieger, der in der Leidenschaft für sein Ziel nach gar nichts weiter fragt ... Tobby ...

BUNTSCHUH. Rede nur, Philippchen ...

WENDELBORN. Du baust doch mit deinem Genie an dem sichersten Gehäuse der Menschheit hier auf Erden ...

BUNTSCHUH. Rede mich nur empor ... rede mich mutig ...

WENDELBORN. Du gehörst doch der ganzen Menschheit an ...

BUNTSCHUH. Nicht wahr, liebes Philippchen ... ich gehöre der ganzen Menschheit an ... ich bin doch ihre sicherste Hoffnung auf Erden ... hahahaha ... ich werde mit meinem Genie ganz gewiß noch die letzte Seligkeit der Menschen auf Erden erfinden ... ich bin doch auf Erden der Gott ...

WENDELBORN. Ja ... ja ... ja ... ja ... Tobby ... vielleicht bist du auf Erden der Gott ... *Er hat den Musikanten gewinkt und ruft ihnen aus der offenen Flügeltür in den Garten hinaus.* Macht erst die Reiterfanfaren mit meinen mächtigen Silbertrompeten, die der Herr Buntschuh dem Orchester zu seinem Ehrentage gestiftet hat ...

Die Kapelle beginnt eine Fanfare zu blasen, nachdem sich acht Bläser in einer Reihe mit spiegelnden, langen Silbertuben aufgestellt haben.

Der Vorhang fällt.

Gaukler, Tod und Juwelier

Spiel in fünf Akten

Personen

Der Konferenzier Lionel Mander

Der Tod

Der Herr Juwelier

Astarte

Ottilie Kopriva

Der Chor jugendlicher Tänzerinnen

Dr. Michel Mander

Lisiska Mander

Die Nonne Mater Scholastica

Der alte Komiker Tiefsee

Konzertmeister Windfellner

Baron Attendorn

Der erste Kammerdiener José

Der zweite Kammerdiener Henry

Der Küchenchef

Der halbwüchsige Junge als Pan

Musiker, Balletkinder, Damen und Herren der Gesellschaft, Diener

Erster Akt

Breite, zum Teil belaufene Schloßfront mit weiter Terrasse und Brüstung. Breite Freitreppe. Aus dem Schlosse mehrere Türen. Auf der Terrasse stehen bequeme Sessel und Tischchen herum. Rings Park.

Erste Szene

EIN HALBWÜCHSIGER JUNGE *als Pan kommt von links um das Schloß herumgeschlichen, die Pansflöte in der Hand. Hinter ihm drein huschen Kinder, alle in Gestalt von Schmetterlingen. Sie gruppieren sich geräuschlos unter der Terrassenmauer links, von wo aus sie aber die Terrasse nicht übersehen können.* Leise ... ganz leise ... ihr wißt es ... der Meister haßt jeden gemeinen Lärm ... ihr seid jetzt Dämmerungspfauenaugen ... Dämmerungspfauenaugen haben keine Trampelfüße ... ihr müßt schweben ... ganz ohne Geräusch ... so leise wie der Nebel auf der Abendwiese ... so schweben wie Dämmerungsfalter ... der Meister hat es ausdrücklich so befohlen ... flüchtig wie ein Bild in einem jungfräulichen Traume ... nämlich ... es soll ja doch Lionel Manders allergeliebtester Tochter gelten, die heute aus dem Kloster wieder einmal bei ihrem Herrn Vater daheim ist ... ganz zu ihrer Seligkeit soll es geschehen ... in ihr jungfräuliches, frommes Herz sollen wir uns leise hineintanzen ... fort jetzt die Unordnung ... stellt euch um mich ... ich beginne sofort zu flöten ...

Er flötet die süßeste Hirtenweise, wozu die Däumelein einen drolligen Reigen schweben. Es fällt von links Abendsonnenlicht aufs Schloß. So geht der Tanz eine Weile.

Zweite Szene

TIEFSEE *in einem seltsamen, buntkarrierten, samtenen Schlafrock, samtenem Barett und phantastischen Schlafschuhen, ist unterdessen ungesehen aus der Mitteltür der Schloßfront gekommen. Ein Mann, glattrasiert, total zerfurchten Gesichtes, mit grauen Hängehaaren und einer langen Pfeife. Er geht, Tabaksqualm vor sich her blasend, bis an die Brüstung der Terasse heran. Guckt eine Weile ungesehen dem Tanze zu. Dann.* Blödsinn ... nichts ... das ewige Theater ... was Tanz ... und das Flötengequieke ... schert euch ... ich bin allein zu Hause ... ich leide Qual ... ich hasse das Treiben ... für mich brauchts der ewigen Gewalttätigkeiten mit den Leibern ... und den Winselhölzern in diesem Leben durchaus nicht mehr ... das habe ich das Leben lang selber für armselige Heckepfennige praktiziert ... ja ... Deibel och ... fort schert ihr euch ...

DER JUNGE PAN *unten.* Für den gnädigen Herrn spielen wir doch ... und für seine allergeliebteste, einzige Tochter Lisiska ...

TIEFSEE. Jawohl ... für Herrn Mander ... der Gott sei Dank gar nicht im Schloß ist ...

DER JUNGE PAN. So ... der gnädige Herr ist *noch* nicht da ... das ist sehr schade ...

TIEFSEE *ein großes, seidenes Taschentuch herausziehend, damit abwinkend.* Vorwärts ... vorwärts ...

Dann sich schnaubend.

DER JUNGE PAN. Es war ja doch aber gestern Abend ausdrücklich befohlen ... für heute Nachmittag ... genau dreiviertel Stunde vor Ave Maria ...

TIEFSEE. Vorwärts, sag ich ... und mache nicht erst noch ein krummes Maul ... das ist heute geändert ...

Der junge Pan mit der Kinderschar verschwindet unschlüssig wieder in der Tiefe, während sich Tiefsee murrend und mürrisch auf einen der Sessel setzt, eine Zeitung herauszieht und zu lesen beginnt.

Dritte Szene

ASTARTE *etwa vierundzwanzigjährig, jung, stahlschlank, mit einem düsteren Zug im Blick, äußerst vornehm sommerlich gekleidet, kommt ebenfalls aus der Mitteltür des Schlosses.* Vater ... was fällt dir ein ... es ist später Nachmittag ... und du sitzt im Schlafrock ... hier ... vor dem Schlosse ... wenn Mander da ist, wagst du das nie ...

TIEFSEE *lesend. Nebenbei.* Ach ... rede nicht ... ich genieße mein Altenteil einmal eine Minute in Ruhe ... ich bin ja doch eine Art

Schwiegervater ... Lionel Mander hat ja doch sonst weder Vater noch Mutter ... noch Weib ... noch irgendetwas Bürgerliches jemals in diesem Leben besessen ...

ASTARTE *kommt langsam heran.* Du kommst von den üblen Gewohnheiten deines Lebens niemals los ... du mußt immer wieder den jämmerlichen Spießbürger spielen ... den kleinen Bierwirt ... oder diesen ewigen Komiker ... oder wer weiß was für einen Narren ...

TIEFSEE *wie vorher.* Ach ... laß mich ungeschoren ...

ASTARTE. Du weißt ... Mander hat dir das zur Bedingung gemacht ... daß du dich den vornehmen Sitten fügtest ... ja ... wie er deine Schulden bezahlte ... dich aus deiner Lebensmisere wie einen ertrinkenden Lappen auffischte ... so sagst du doch selber ... hat er dir ausdrücklich gesagt ... lieber Kollege ... du mußt dich anpassen ... es kostet dich nichts ... also wird es dir keine Mühe machen ... Mander ist ja gutmütig wie warme Wolle ... oder wie ein bunter Eisvogel, wenn er sich in den Süden verfliegt ...

TIEFSEE *wie vorher.* Rede nur weiter ... jawohl ... lieber Kollege sagte er ...

ASTARTE. Ja ... und das ist lächerlich ... du und sein Kollege ... ihr gehört zusammen wie der weiße Schwan ... und ...

TIEFSEE. Na ... und ...

ASTARTE. Ich sags ruhig ... und eine lahmgeschmissene Elster ...

TIEFSEE. Du ärgerst dich wohl wieder furchtbar an mir ...

ASTARTE. Weißt du ... empfehlenswert ist das grade nicht ... für ein Mädchen von guter Art ... wenn es aus Sumpf aufgewachsen ist ... wenn die ihre Vergangenheit immer wie die Schnecke ihr Haus mit sich schleppt ... aber das ist eben Mander egal ...

TIEFSEE. Aus irgendetwas muß ein Mensch aufgewachsen sein ... *ein Los muß jeder ziehen* ... ja ... du hast dich gar nicht zu beklagen ... schon über deinen Vater und deine Mutter hast du dich gar nicht zu beklagen ... erstens einmal bist du von einer *Mutter* in Parade gesetzt ... höre mal, mein Kind ... diese deine Mutter ... die hatte eine Demut ... wenn du zum Beispiel nur nimmst, was sie aß, wenn du und ich noch am Tische saßen ... Bissen ... Brot ohne Salz ... das Salz war zu schade ...

ASTARTE. Oh ja ... *Sie lümmelt sich über den Tisch und guckt in ein Zeitungsblatt.* meine Muttel war auf alles bedacht ... und entsetzlich verängstigt ... ich will mich an Muttel durchaus nicht versündigen

… hahahaha … angezogen hatte sie mich als Kind immer, daß jeder gleich sah, daß ich einer Herumzieherhorde entsprungen war … und Liebesgeschichten mußte ich auch schon zu Zeiten haben, wo die andern Kinder noch Pappe kriegen … nein nein … ich erinnere mich gar nicht, daß sie mir auch nur einmal unfreundlich und grob gekommen wäre *Lebhafter erregt.* oder hätte mich an den Haaren zurückgerissen … Asta hinten … und Asta vorne … besonders später in dem Kummerwinkel … in der Kneipe … wenn da einmal der reiche Mann zu euch demütigen Spaßmachern kam … und gnädig Champagner spendierte … in Erinnerung an deine einstige Komikerzeit … hahahaha … da mußte ich mich auch tüchtig besaufen … ja … *Immer erregter.* und *hab* mich besoffen … aber nicht bloß mit Wein und süßer Chartreuse … mit Galle … mit Haß … mit Abscheu … mit Härte … mit Weitblick … mit allem, was so ein erdrosseltes Sehnsuchtsleben mir zurückbringen sollte … mit dem heißen Verlangen, heraus aus Sumpfe … heraus aus dem klebrigen Leben augendienerischer Gemeinheit …

TIEFSEE *lacht höhnisch und wehrt dabei mit dem Zeitungsblatte von oben herab ab.* Spiele nur … immer spiele … ich konnte deine Mutter nicht ausstehen, wenn sie sich so vermaß, Sitte zu predigen … das gibt es außerdem gar nicht *wirklich* in dieser Welt … jeder will eben nur seinen Vorteil haben … wie der Hund hinter der Türe am liebsten für sich das Fleisch samt dem Knochen in Ruhe einschluckt … ja und dich … wenn du so in fließender Schleierseide … und dem tropfenden Solitair aus Herrn Manders großer Schatulle vor mir stehst … dich kann ich erst recht nicht leiden … wenn du gar so tust, als ob du hier Herrin wärst … und ich von dir das Gnadenbrot äße … nee … das würde mein Ende sein, weißt du … du Geliebte … hahahaha … Herrin … hahahaha … *nur* Geliebte … gar nichts weiter … *nur* eines Mannes wie Lionel Manders Geliebte … weißt du … denn ich kenne Mander … *Er ändert seinen Ton plötzlich ins Stille und Sanfte.* ja … *Er erhebt sich.* nein … es paßt sich nicht, mich im Schlafrock hierher zu pflanzen … ich habe wirklich mein Wort gegeben … er sorgt für mich … und ich habe mich ihm verpflichtet … und werde jetzt in mein Zimmer gehen … mich in einen anständigen Promenadenrock hüllen … und die Pfeife ist eine alte, gemeine Unart von mir … das will ich auch zugeben … so etwas paßt sich in einem Herrenschlosse durchaus nicht

... auch wenn Mander jetzt wieder wie ein Fischotter, den Wiesel hetzen, in allen Wucher- und Spielerlöchern nach Hilfe herumjagt ...

ASTARTE. Das sagst du aus Scheelsucht ... weil du es früher in *deinen* Nöten derart betrieben ...

TIEFSEE. Ja ja ... werde mir Zigaretten holen ... mich als Gentleman kostümieren ... auf die Felder spazierengehen ... und die Landleute beim Ave-Maria- Beten betrachten ... vielleicht bete ich mit ... das ist mir jetzt lieber, als mich in diesem üppigen Faulenzerleben in die Sonne zu pflanzen ... und mit dir in die einstige eigne Misere hineinzustarren ... *Er rafft sich plötzlich noch einmal erregt hoch.* aber das sage ich dir ... danke du Gott, daß du mich zum Vater hast ... um meinetwillen hat er dich in sein Bette genommen ... ich habe es dir verschafft, diese Pfründe ... mit mir hat er die ersten Schritte auf den schlüpfrigen Brettern getan ... *ich* habe ihm müssen sozusagen die Hände halten beim Gaukeln ... *mich* braucht er noch immer ... tausend Tricks, die er heute kennt, stammen von *mir*... ich bin noch immer der höchste Geschmackskünstler für vornehme oder fürstliche Personen ... obwohl er über mich hinausgewachsen ist ... und schließlich der Oberarrangeur ... und Oberescamoteur ... und Oberweltmann ... und Obermeister üppiger Nachtfreudenfeste ... und Obergaukler ... und Obertänzer ... und Oberschwätzer ... und Obergauner ... und Verführer ... und Blender ... und großartiger Aufspieler geworden ist ... von dem wir uns *alle* nur blenden lassen ... und gebrauchen lassen ... und »erhöhen« lassen ...

ASTARTE. Vater ... schrei nicht so ... ich bitte dich, Vater ...

TIEFSEE. Ja ... wenn es nicht eben um des schnöden Goldes willen unmöglich wäre, das er uns als Trinkgeld so hinwirft ... und wenn ich nicht eben schon zahnlos wäre ... würde ich *nicht nur* bellen ... würde ich diesen verstiegenen Herrn Kollegen gehörig einmal ins Bein beißen ... *Immer noch gehalten.* würde ich ihn hübsch *würgen...* *Immer gesteigerter.* würde ich ihn *nicht nur* würgen ... würde ich ihn mir um die Hand wickeln wie einen alten Hemdlumpen ... oder alten Handschuh ... und ihn zerreißen ... in Stücke ... und ihn auf den Schindanger schmeißen ... ja ... wie einen Lumpen ... oder wie ein verfaultes Froschluder ...

ASTARTE *verbittert.* Schön ... das klingt schön ... *Nach einer Pause, worin Tiefsee Haltung gesucht und dann die Zeitungen zusammen gegriffen hat.* gehe nur lieber jetzt, Vater ... bitte, Vater ... *Pause.* ziehe dir eins von den neuen, kostbaren Batisthemden an, die dir Herr Mander gestiftet hat ... weil er sich auch immer nur in Seide kleidet ... denn was ist ihm Geld ... und Ausgaben ... und Wohltaten ... das ist ihm nur ein Schwips mit der Hand ... er muß ja doch immer Großartigkeit und Lüster und Kostbarkeiten um sich haben ... wie er sich so grade zum Beispiel einbildet, einen venezianischen Leuchter auf irgendein Konsol hinaufzubugsieren ... ach Gott, Vater ... hasse ihn nur ... und höhne *mich* ruhig ... rümpfe nur deine verbitterten Lippen ... stich mich mit deinem Theaterblick ... lähme mich richtig ... so weh tut mir dieser Hohn ... warum denn ... das hast du eben noch nicht begriffen ... ich *bin* die Geliebte ... weil ich es nicht erst geworden bin ... weil ich es bin ... heute nicht mehr aus Gier nach Tand ... oder aus Gier nach kostbaren Kleidern ... oder aus Gier nach der süßen Umarmung des Leibes, die so süß und so selig sein kann ... oder aus Hoffnung auf die Zukunft ... oder aus Hoffnung auf irgendein Wunder der Gaukelei, das doch nicht kommt ... denn ich weiß sehr genau ... Herr Mander läßt nur alle Menschen und Dinge wie eine goldene Schnur durch die Finger laufen ... und der Herr Juwelier folgt beständig auf den Fersen ... ich sehe das wohl, wie Mander wieder den Ausweg nicht sieht ... ja ... ich werde es dir noch besser sagen ... mein Herz ist ihm aufgetan ... ich bin eine Mutter ... nicht etwa, ich trage ein Kind ... ein echtes und rechtes Frauenzimmer hat stets im Blute eine Mutter ... eine Mutter umarmt einen Hoffnungslosen ... einen Heimatlosen ... einen Verschwender ... einen verlorenen Sohn ... einen Spieler ... einen Täuscher ... einen Gaukler, dem das Leben vergeht ... mir eben ist etwas aufgebaut ... von dem ersten Augenblicke an, als er mich nahm ... da erkannte ich ihn ... die wilde Bestimmung, die ihn hinhetzt ... diesen Gehetzten ... diesen Gezwungenen ... dem ich meine Seele hinwerfen *muß...* dem ich Balsam sein *muß...* in seinen zerrissenen Stücken ... ja ... *Plötzlich sanft.* deine Gesichtsfarbe verwandelt sich, Vater ... diesen Menschen, der hinausgestoßen ist in die blutigen Flüge ... erarbeite uns doch die Herrlichkeit ... du toller Gaukler ... ersinne sie uns doch ... ergötze uns doch ... schneid es dir doch aus deinem Fleische heraus ... zerberste dich doch für uns nach der Schönheit ... mache uns doch die steinige Welt zum Paradiese ... du aus Erde genommener Lehmkloß ... zeige doch deine Kunst ...

TIEFSEE *erschüttert.* Hahahaha ... großartig ... hysterisches Frauenzimmer ... verrücktes ... ja ... da könnte ich wirklich auch heulen, wie du das darstellst ... nicht wahr ... liebes Kind ... so war auch dein Vater ... jetzt ist er nur abgenutzt ... ja ... dieser Ruhmesschein fällt auch zur Entschuldigung auf deinen Vater ... nicht ... oh ... du bist ein Weib ... du bist eine richtige Vergolderin des Lebens ...

ASTARTE. Nein ... gar nicht ... Vergolderin ... *Verflucherin*... nein ... auch das nicht ... gar nicht ... lächerlich, wer verfluchen wollte, was er nie begriff ... ja ... ein einfaches Weib bin ich ... eine, die eben *nur* liebt ... liebt ... wozu ... gar nicht wozu ... liebt ... einmal drauflos ... den Mann ... liebt ... der sie einmal hungrig und sehnsüchtig in die Arme nahm ... ach ... seufzte ... in sich stumm war ... vielleicht einmal einen Augenblick selig war ... vielleicht wie jemand, der einmal einen Augenblick die Herrlichkeit sieht ... aufsteht ... und wieder fortgepeitscht wird von Ehrsucht ... von Ruhmsucht ... von Besitz ... von Verheißung größerer Dinge ... fortgepeitscht wird in verstiegenen Pflichten ... ja ...

TIEFSEE. Oh ... Weib ... ja ... Weib ...

ASTARTE. Ach ... Vater ... du kannst das nicht begreifen ... niemals ... du hast nie im Leben durchdringen wollen ... aber ich bin nicht träge gewesen ... ich bin auch nicht feige gewesen ... ich bin auch nicht zweckgierig gewesen ... und einmal kommt vielleicht jeder zu seiner Wahrheit ... mir jedenfalls ist *meine* Wahrheit wie ein Tropfen siedend über die Stirn geronnen ... das bleibt klar ... und wenn ich vergehe ... wer das einmal lebte ... der lebt das immer ... und lebt das froh ... der lebt sehend ... und lebt das zu Ende ...

TIEFSEE *streichelt Astarte. Dann geht er auf die Mitteltür zu. Bleibt stehen und blickt zurück.* Asta ... mein Kind ... *Er kommt noch einmal ein paar Schritt auf sie zu.* meine liebe Asta ... ja ... ich bin stolz auf dich.

ASTARTE *heiter.* Ja ja ... ich weiß schon ... ich weiß schon ... Vater ... ich kenne dich schon ...

TIEFSEE *würdig, sich wieder gegen die Mitteltür wendend. Im Abgehen.* Ganz gewiß ... ganz gewiß ... ich bin stolz auf dich ...

Ab ins Schloß.

Vierte Szene

Unterdessen haben sich im Parke rechts hinter Buschwerk eine nach der andern junge Tänzerinnen in Probenkostüm und Mantel, mit großen Schäferhüten gesammelt. Noch verborgen.

LUNICA. Dort steht sie ... die Stolze ...
SCHWÄNCHEN. Gehen wir los ... *Sie laufen auf Astarte zu und rufen schon von der Ferne.*
LUNICA. Fräulein Astarte ...
SCHWÄNCHEN. Gnädiges Fräulein ...
LUNICA *indem beide an der Treppe zögern.* Wir zwölf kommen heute nicht etwa nur, um unsere achtzehn alten Zephyrtanten zu besuchen ...
HELIE *hinterdrein.* Es ist jetzt so ledern auf dem Schlosse ...

Astarte steht und lächelt.

KITZ *genau in demselben Kostüm hinterdrein.* Wir wollen bei Ihnen seufzen und stöhnen ...
LACERTA *ebenso.* Ich mag das Tanzen gar nicht mehr leiden ... der Teufel ist ja rein ausgetrieben ...
LUCINDE *ebenso.* Dieser Attendorn ist doch ein trauriger Stümper ...
MUSE *ebenso.* Soll uns denn dieser Baron jetzt *ad infinitum* dressieren ...
MÜCKE *ebenso.* Wir haben wenigstens am Nachmittag auf dem Lilienplatze im Freien geübt ...
ELFI. Mir sind bei dem Tanze Arme und Beine eingeschlafen ...
SCHWALBE *ebenso.* Und solche lederne, harte, langweilige Musik dazu ...
ANJELKA. Wenn des Meisters Feueratem nicht hineinbläst ...
MUSE. Wir tanzen beständig Totentänze ...
ASTARTE. Macht mich nicht wirr ... ihr lieben Kinder ...
ANJELKA. Wenn der Meister nicht kommt, lasse ich mich morgen begraben ...
MÜCKE. War denn der Meister wirklich hier ...

MUSE. Alle behaupten, sie wüßten etwas ...

LUCINDE. Jawohl ... ich weiß es ganz gewiß ... der Meister ist am vorigen Abend im Schlosse eingefahren ... und nachts um zwei habe ich Herrn Mander mit eigenen Augen wieder in zwei Automobilen hinaussausen sehen ...

ASTARTE. Sehr richtig, Lucinde ... der Meister war gestern auf einige Stunden im Schlosse ...

ELFI. Ist Herr Lionel Mander zum Fürsten von Monaco eingeladen, um ein großes Jubiläumsfest in der Spielhölle aufzubauen ...

ASTARTE. Hahahaha ... ihr werdet euch zu Herrn Manders Ehren noch gleich die schönsten Legenden erfinden ...

LIDDI. Henry sagt, es hätte nachts schon einmal geheißen: Fort übers Meer ... und um zwölf Uhr mittags hätte Herr Mander mit großem Gefolge im Luxuszug Hamburg-Kuxhaven gesessen ... das wäre dann das einträglichste Geschäft, wenn Herr Mander seine Gaukelkünste vor so einem Milliardär oder Krösus betriebe ...

ASTARTE. Nun haltet gefälligst eure geehrten Schnäbel ... ihr Mädels ... ich werde euch etwas sehr Wichtiges sagen ... hier muß es ganz still sein, obgleich der Meister nicht im Schlosse ist ... aber Fräulein Lisiska Mander ist heute im Schlosse ... und ihr wißt es ja doch, daß Herrn Manders Tochter gottesfürchtig und fromm ist ... also bitte ... geht und kleidet euch um ... *Die Mädchen sehen plötzlich nach dem Schloß, wo hinter den Scheiben Baron Attendorn erscheint, von zwei Dienern umgeben, Telegramme lesend.* dann könnt ihr meinetwegen im Parke und hier herumspazieren ... aber durchaus nicht in diesen Lotterkleidchen ... denn das könnte einen frommen Sinn doch verletzen ...

Im Augenblick, wo Attendorn die Tür öffnet und heraustreten will, fliehen die Tänzerinnen lachend die Freitreppe herab und eilen denselben Weg, den sie gekommen waren, zurück. Ab.

Fünfte Szene

BARON ATTENDORN *ein junger Dandy, schwingt drei Telegramme und ruft Fräulein Astarte zu.* Ich danke meinem Schöpfer ... die Ängste sind vorbei ... es muß alles wieder im Gleichgewicht sein ... innen und außen ...

ASTARTE. Kommt Herr Mander ...

Tiefsee als Stutzer zum Ausgehen gekleidet, ist auch aus dem Schlosse eben erschienen. Nur spitzig beobachtend.

ATTENDORN. Ja ja ... der Meister kommt ... offenbar kommt der gnädige Herr heut sehr befriedigt ...

ASTARTE. So ... ach Gott ... *Sie geht sofort ins Schloß ab.*

ATTENDORN. Wo ist denn Henry ... *Henry steht schon lachend dabei.* bitte Henry ... die Frauengemächer im Flügel B in den blumigsten Prunk setzen, Henry ... Herr Mander telegraphiert ausdrücklich *königlich* ...

TIEFSEE *spaziert äußerst gespreizt die Freitreppe in den Park hinunter. Dabei deklamiert er laut vor sich hin.*
   Wir sind die Schattenbilder, die im Tanz
   sich drehn um der Laterne Sonnenglanz ...
   der Meister Gaukler dreht das große Licht
   zu diesem mitternächtigen Mummenschanz ...

Pfeifend durch den Park ab.

ATTENDORN *während andere Diener neugierig herausgetreten sind.* Er bringt nämlich die berühmte Ottilie Kopriva mit ... wir müssen sofort in der Kanzlei die Tagesordnung für morgen fein säuberlich auf die große, weiße Karte mit dem goldnen Wappen schreiben, Henry ... hängen Sie sie bald im Tanzsaale unter Glas und Rahmen ... gleich für die ganze Sommerschule hier auf dem Schlosse ... denn alles wartet ja doch ungeduldig ... ich als Vergnügungsdirektor inbegriffen ...

Ein anderer Diener erscheint eilig aus dem Schlosse mit weiteren Telegrammen.

ATTENDORN. Hahahaha ... wenn der Meister wieder in Laune ist, kommen jetzt noch zehn Telegramme ... *Aufreißend und lesend.* der Viererzug holt also den Herrn Mander und die Dame in der Nacht vom Bahnhofe ab ... weiter ... soll im kleinen Speisesaal ein Souper *tête-à-tête* für zwei königliche Menschen angerichtet werden ... *Unterdessen ist der Küchenchef auch neugierig herausgetreten.* ja ja ... kommen Sie um Gottes willen von selber ... wir müssen eiligst den Speisezettel für ein Souper *tête-à-tête* kurz nach Mitternacht jetzt besprechen ...

DER KÜCHENCHEF. Wir haben gemästete Weinbergswachteln im Keller, Herr Baron ... ein Lieblingsgericht des gnädigen Herrn ... ich gebe also Schildkrötenbouillon ... Forellen mit Rheinwein dressiert ... die Weinbergswachteln zart geröstet mit gedünstetem Trüffelgemüse ... zum Schluß Wildpastete mit gepfefferter Kirschsauce ...

ATTENDORN. Danke, Herr Chef ... großartig ... *Indem er wieder liest.* morgen abend soll es bereits ein glänzendes Nachtfest nach Lionel Manders Art hier geben ... *Die Telegramme in der Hand haltend, wendet er sich zum Schlosse, von den Dienern gefolgt, die seiner Befehle harren. Und vom Küchenchef.* jetzt ... wo Herr Mander auch seine einzigste, allergeliebteste Tochter im Schlosse beherbergt ... ja, meine Herrschaften ... ich möchte über das Allerheiligste des Herrn und Meisters keine Anzüglichkeiten reden ... aber ich finde diese kleine Mander charmant ... daß die noch im Kloster ist ... diese kleine Lisiska ... ist ja gottvoll ... es ist ja nichts köstlicher als die Unschuld ... das ist doch wenigstens ein vornehmes Mädchen hier im Schlosse, die Lionel Mander anders auffaßt, als die übliche Damenwelt ...

Unter diesen Worten verschwindet er ins Schloß, vom Küchenchef und den Dienern gefolgt.

Der Vorhang fällt.

Zweiter Akt

Vornehmes, ganz helles Ankleidezimmer mit mächtigen, breiten Wandschränken. Eine Doppeltür links steht offen. In der Tiefe ist, entsprechend dem hellen Geschmack, ein schwerer, heller Atlasvorhang, der die Tür nach dem Garten verdeckt. Die einfache Tür rechts ist geschlossen. Mehr vorn eine Tapetentür.

Erste Szene

DIENER JOSÉ *steht an einem der Wandschränke und ist damit beschäftigt, Herrengarderobe daraus zu entnehmen und sie auf Lehnstuhl und Chaiselongue auszubreiten. Er zählt auf einem Regal Hosen.* Eins, zwei, drei, vier, fünf, sechs, sieben, acht, neun Paare … ach was … schwarze Hosen … Herr Mander wird heut doch nicht schwarze Hosen nehmen … man saust noch immer wie im Automobile …

Zweite Szene

DIE STIMME MANDERS *aus der linken Tür.* Pavian … Seidenaffe … geliebte Seele … geliebter Helfershelfer … *Ehe José die Kleider beiseite legen kann, hört man Rumoren.* Goldseele … Kammerdiener … Ew. Exzellenz, Herr erster Kammerdiener José … *Dann erscheint Mander in einem weißseidenen, pelzverbrämten Morgenmantel. In weißen Atlaspantoffeln schlürfend in der Tür.* wie denn … wo denn … wo steckst du denn wieder … ich brülle mir wieder fast den göttlichen Odem aus … lieblicher Knecht … warum springst du denn nicht …

JOSÉ *grauhaariger, zärtlicher Mann, sofort am Toilettentisch sich bereit stellend.* Oh … ja nicht … der gnädige Herr dürfen sich heute ja nicht aufregen … es würde sich gar nicht lohnen, daß sich der gnädige Herr heute erst wieder in Aufregung brächten … *Er hantiert sofort am Toilettentisch.* ich habe seit der Einfahrt in der Nacht wirklich noch keine Minute stille sitzen können …

MANDER *während er vor den fünffach auseinandergelegten Toilettenspiegel schlürft.* Greulich … abscheulich … so unangeraucht … so bettsackdämlich ... *José reicht ihm sofort Zigaretten und Feuer.* so ausgeweidet bis zur untersten Hefe ...

JOSÉ. Na ... ich bin wenigstens glückselig, daß der gnädige Herr wieder gestern so in Stimmung gerieten ... und die Stimmung ins Schloß mit heimgebracht ...

MANDER. Schlummert sie noch ... jetzt schlummert sie wirklich in meiner Hütte ... sind die Wohngemächer der hohen Frau in ein Eden verwandelt ... oder gehört ihr zu dem blöden Pöbel, der es erst immer nachträglich merkt, wenn er einen Engel beherbergt hat ... o José ... jetzt werden die großblütigen Orchideen dieses Weib bestaunen ... jaaa ... schillernde Schlange ... sich ringelnde Scharaka ... herrliches Wesen ... dieser süßeste Büll-Büll-vogel ... diese Allererste ... diese Stimme ... diese Stimme ... wie ein Heilquell, der aus den innersten Erdgründen aufdrängt ... ach ... diese Stimme ... José ... die von Mondschlössern aus Jaspisstein erzählt ... sinnbetörend erzählt, bis man verrückt ist ... bis man alles vergißt ... *Plötzlich geschäftsmäßig.* José ... Fräulein Kopriva kommt aus freier Entscheidung zu Lionel Mander ...

JOSÉ. Das ist wirklich eine Anerkennung für Herrn Lionel Manders Kunst ... und für seine Methode ... wenn solche berühmte Künstler ihn aufsuchen ... wie ich höre, wird die berühmte Künstlerin sogar eine große Partie mit dem gnädigen Herrn durchstudieren ...

MANDER *rückt das Monokel.* Ja ... Ottilie Kopriva ruht jetzt in den Wappenkissen von Lionel Mander ...

JOSÉ. Befehlen der gnädige Herr, im Morgenmantel zu bleiben für das Frühstück ... oder wollen der gnädige Herr nicht lieber gleich ein helles Morgenkostüm für den Parkspaziergang anziehen ... tja ... mir ist ein Band von der Seele gesprungen ... auf der Heimfahrt die Nacht ... Herr Mander leben doch heute wieder frisch und befreit ... und mit neuer Fröhlichkeit aufgerichtet ...

Mander geht schweigsam auf und ab. Rauchend.

JOSÉ *zärtlich und behutsam.* Es wundert mich nur, daß der gnädige Herr das andere vergessen ... daß der gnädige Herr ganz vergessen, welche Gäste wir noch im Schlosse haben ...

Mander geht schweigsam auf und ab.

JOSÉ. Der gnädige Herr sollten wirklich den Morgengruß hier in dieser Vase betrachten … das junge gnädige Fräulein hat ihn nämlich am zeitigen Morgen eigenhändig vom Strauche gepflückt, als sie mit ihrer Nonne zur Frühmesse in die Dorfkirche ging … der gnädige Herr hatten ja doch vorgestern Abend ein dreimal dringendes Telegramm an das Fräulein Tochter geschickt …

MANDER *auffahrend.* José … hole das Telegramm an meine Tochter zurück … es war eine Sentimentalität … es war eine Schwäche … ich will niemand sehen …

JOSÉ. Es sind aber doch schon anderthalb Tage darüber hingegangen …

MANDER. Tage … kein Tag … keine Stunde … keine Minute … ich frage nach Zeit nicht … blöde Unvernunft fragt nach Zeit … Zeit ist Leere … ich bin überfüllt … ich *brauche* Trost nicht … ich *habe* alles … frisiere mich endlich …

Er bleibt trotzdem vor sich hinstarrend stehen.

JOSÉ. Wollen der gnädige Herr nicht wenigstens Platz nehmen, daß ich beginne …

MANDER *sich setzend.* Beginne … vorwärts …

Er pafft in Unruhe hastig den Rauch aus.

JOSÉ. Tja … eben … vorgestern abend waren der gnädige Herr noch ziemlich ratlos …

MANDER. Ja … das kommt vor … der alte Geier zerwühlt einen manchmal … oder sonst ein ekles, verfluchtes Gespenst … schweige gefälligst … plärre nicht ewig … hast du dir Ottilie Kopriva schon angesehen … ihre eigenwillige, antike Gebärde … ihre steile Stirn … verhärmt … ja … auch … schweigt, wenn sie lacht … brüllt nicht gleich los, wie das manche tun … o José … *das* Lachen … Engelgelächter … hast du sie mit ihrer Sprechstimme reden hören … könnte die heilige Jungfrau holder flüstern … das ist für *mich* gemacht … dieser tönende Stern nähert sich wahrhaftig meiner armen Erde …

Pause.

JOSÉ *behutsam.* Der gnädige Herr müssen mir vergeben, wenn ich heute beständig an die lieben Kinder denken muß ... ich hatte ja doch auch einmal Kinder ...
MANDER *erregt.* Blödsinn ... Kinder ... stutze mich nicht als Lebemann auf ... oder gar als so einen blöden Artisten, der die Gesichtszüge einzeln wie Steine auf dem Schachbrett bequem verschiebt ...

Der zweite Kammerdiener Henry erscheint mit einem Silbertablett, worauf ein Kognak steht, stellt es, auf Zehen gehend, neben Mander. Pause.

MANDER *trinkt den Kognak.* Wer hat denn von Kindern ein Wort geredet ... *Er starrt in den Spiegel und legt sein Gesicht in ernste Falten.* besieh mich, Henry ...
HENRY. Zu Befehl, gnädiger Herr ...
MANDER. Dieser Gimpel verschandelt mich wieder ...
JOSÉ. Der gnädige Herr brauchen durchaus nicht zu schelten ...
MANDER *mit dem Blick in den Spiegel.* Henry ... wer bin ich ...
HENRY *auch in den Spiegel blickend.* Der vornehme Schloßherr ...
MANDER. Mehr will ich dünken ...
HENRY. Exzellenz, der Minister ...
MANDER. Mehr will ich dünken ...
HENRY. Der Oberstaatsanwalt in der letzten Entscheidung ...
MANDER. Fort mit der menschlichen Rechthaberei ... ich bin ein Lehmkloß ... ich verachte das Richten ... weiter ...
HENRY. Der heilige Kardinal, der in Audienz zum heiligen Vater hineintritt ...
MANDER. Nein ... ein Büßer will ich sein ... ich will jetzt mein ganzes Leben ändern ... ich stehe jetzt demütig an der Pforte ...

Es klopft. Mander fährt zusammen. Erstarrt in Erwartung. Henry eilt sofort durch die rechte Tür.

MANDER *erregt, leise.* Wer denn ... wer ist es ...

Henry kommt lächelnd wieder.

MANDER. Was lächelst du ... wer ...
DIE STIMME DES JUNGEN MANDER *von draußen.* Vater ... Herr Jesus ... da schließ doch nur auf ... du tust ja wie eine keusche Ballettratte in der Garderobe ...

MANDER *für sich leise und gereizt.* Ja … das klingt wie ein Echo … das klingt, als wenn ich es selber wäre … zu bleibt die Tür … *Er ruft laut.* ach … guten Morgen, Michel … *Er beeilt sich, von José gefolgt, den Mantel abzerrend, in die Schlafzimmertür hinein. Hinter ihm José.*

STIMME VON DR. MICHEL MANDER *sehr energisch.* Das ist doch ein Wort … Sie berühmter, verbarrikadierter Herr Vater … nun schreiten Sie aber auch bald in Ihrer theatralischen Würde aus der dreimal verriegelten Kemenate heraus … sonst schlage ich doch die Türe noch ein …

Verhallend im Abgehen.

MANDERS STIMME *von links.* Dieser Mensch ist sehr männlich … und kolossal dreist … *Mander erscheint jetzt, im Ankleiden von José bedient. Auch von Henry, der unterdessen seinen Gehrock genommen hat und ihn hinhält. Mander steht mitten im Zimmer.* jaaa … daß es gleich gellend durchs ganze Treppenhaus hallt … Himmel … die Kinder … *Er nimmt eine starre Verzweiflungsmiene an.* José … sind wirklich die Kinder da … es ist die ernsteste Stunde in meinem Leben … Henry … was willst du noch … rasch … unter Dreien ist kein Vertrauen möglich …

HENRY. Zu Befehl, gnädiger Herr …

Drückt sich durch die Tapetentür rechts ab.

MANDER *erschüttert.* Ich ersticke jetzt an der Vaterwürde … auch mein Vatertum war eine komische Maske … ich war ja doch weder Mensch noch Eidechs … wechselte täglich zehnmal die Häute … *Er setzt sich desparat wieder auf den Sessel.* nun sitze ich und heule in mich hinein … zerrissen in Stücke … das ist Lionel Mander … José … weinst wohl auch … törichter Schöps … wenn man Tränen weint, sieht man die Gaukelspiele des Lebens noch trüber … *Er ermannt sich und springt auf. Geht hin und her. Raucht sich eine neue Zigarette an. Bestimmt redend.* ich kann diese Kinder nicht sehen jetzt … ihre Mütter sind meinem Gesichtskreis entschwunden … sie bedeuteten für mein Leben nichts … kaum ein paar Herzschläge prickelnder Reize … jetzt hat mich die letzte Verrücktheit nach einem dauernden, häuslichen Glücke jäh überfallen … eine unerhörte, nie je begriffene Gemeinschaft schwebt mir jetzt vor … ein unzertrennliches Leben mit einem zweiten Leben schwebt mir jetzt vor ... nur nach diesem Weibe Ottilie Kopriva habe ich beständig die arme Erde durchirrt und durchrast ... es ist *der* Augenblick, wo sich das wahre Gesicht in mir endlich auftut ... all meine Masken fallen jetzt ab ... verwandeln sich in die eine wahre Empfindung ... iiih ... was gilt mir dieser Bengel ... der Sohn ... jeder Mann sucht bis zum Wahnsinn das Weib ... nicht seinen Vater ... mache kein so dummes Gesicht ... die große Rose dort in mein Knopfloch ... hörst du, José ... schmücke mich wie einen Liebhaber auf ... und fort der Sohn ... der mich gar nichts angeht ... und fort Lisiska ... sie gehört ins Kloster ... sie soll die Reinheit für den einzigen, echten Geliebten bewahren ... das reine Feuer soll sie hüten wie die Vesta ... und ihres Vaters Seelenheile soll sie heiße Gebete weihen ... ich frühstücke hier ... ich bin nicht munter ... ich wäre Ideen auf der Spur ... ich müßte arbeiten wie ein Pferd ... ich wäre von Pflichten überbürdet ... mißlaunig wie ein alter Gorilla ... lügt, was ihr könnt ... *In diesem Augenblick pocht es an die Scheibe hinter dem Vorhang.* ich will allein sein ...

Dritte Szene

JOSÉ. Ich glaube, der gnädige Herr Sohn sind schon auf der Terrasse ... *Er guckt einen Blick hinter den Vorhang.* gar kein Zweifel ... gar kein Zweifel ... der Herr Doktor werden wohl noch die Scheiben eindrücken ... wenn der gnädige Herr sich nicht bald entschließen, hinauszutreten ...

Mander rückt sich zusammen, nachdem er noch einmal sich von allen Seiten im Spiegel betrachtet hat.

Vierte Szene

DR. MICHEL MANDERS STIMME *hinter den Scheiben und Vorhang.* Nee, Papa ... das ist ja nicht auszuhalten ... diese Geheimtuerei ... diese Höllenhunde an allen Ecken und Enden sind ja ganz unüberwindliche Hindernisse auf der Bahn zwischen Sohn und Vater ...

laß doch aufschließen ... du bist ja noch schlimmer verbarrikadiert wie ein Fürst oder wie der König ...

Mander hat sein Monokel ins Auge geklemmt, starrt vor sich hin, hat gehorcht und gibt dann José einen Wink. José schließt hinter dem Vorhang auf.
Dr. Michel Mander erscheint durch den Vorhang.

MANDER *starrt ihn mit Monokel an.* Junge ... ich war total übermüdet ... ich hatte tausenderlei harte Pflichten auf den Buckel geladen ... wie es einem Manne wie mir nun einmal Schicksal ist ... entschuldige vielmals ... ja ... wenn du auch noch so sehr den ungläubigen Thomas spielst, lieber Junge ... und die Augen spöttisch verdrehst ... es *ist* schon so ... und ist stets so gewesen ...

Sie gehen drollig aufeinander zu. Mander umarmt seinen Sohn sehr spröde.

DR. MICHEL MANDER. Hahahaha ... und hast dir heute noch eine berühmte Frau mit ins Schloß gebracht ... nee, Papa ... pfui Teufel ... dieser Esel, der José, hat dich aber heute einparfümiert, daß es an deiner Brust höchstens Damen aushalten können ... da rieche ich doch noch lieber Jodoform oder irgendein penetrantes, stechendes Gift ... als diese süßseligen, dummduseligen Reseden ...

MANDER. José ... einen andern Gehrock ... ich kann doch nicht zum Gespött meines Sohnes rumlaufen ... *José springt schon herzu, so daß Mander seinen Rock sogleich wechselt.* na ja ... lieber Mensch ... wie geht es dir denn ...

DR. MICHEL MANDER. Wie es einem geplagten Assistenzarzt so geht, der beständig den Leuten den Puls fühlt ... die Rachenhöhle beleuchtet ... die Mandeln abknipst ... Brechpulver eingibt ... Teeklystiere verabreicht ... weißt du, Vater ... ich freue mich schrecklich, daß du gerade auch Lisiska mit mir zusammen aus dem Kloster eingeladen hast ... damit man einmal wirklich eine reine, jedenfalls noch unkarbolisierte Seele um sich hat ... Lisiska ist ein reizendes Ding ... einstweilen natürlich eingeschüchtert wie ein junges Rebhuhn ... als wenn jeder Mann ein Jäger wäre, der jedes einzige Huhn unbedingt gleich abschießen müßte ...

MANDER *spröde.* Tja ... ich freue mich auch ...

DR. MICHEL MANDER. Du kannst dich auch freuen ... außerdem kannst du gar nicht ahnen, was Lisiska so gerade in diesen Jahren des Übergangs in das höhere Weibtum für eine Goldwage von Gemüt besitzt ... ich sage dir, Vater ... es hat sie schon ganz aus der Balance gebracht, daß wir mitten unter diese vielen Leute vom Varieté und Theater im Schlosse haben allein hineinplumpsen müssen ... keinen Vater daheim fanden ... denn schließlich kannten wir ja doch auch dieses Fräulein mit dem gespreizten Namen ... dieses Fräulein Astarte gar nicht ... man redet übrigens wieder tolles Zeug über dich, Papa ... Gott ja ... das ist nun einmal die berühmte Sauce zu so einem berühmten Theaterbraten ...

MANDER. So so so so ... man redet ... was redet man wieder ...

DR. MICHEL MANDER. Daß du ernstlich beabsichtigst, dich endlich zu verheiraten ... um gewissermaßen deinen Kindern einen übrigens sehr wenig mütterlichen Hintergrund zu verleihen ...

MANDER. Spielst du auf dieses Fräulein Astarte an ... tja ... ich habe nämlich auch den Vater von Astarte, diesen alten Hungerleider, wieder anständig eingekleidet ... und aus alter Anhänglichkeit hier ins Schloß genommen ... da kombiniert man so Dinge ... aber ein Vater muß ja doch notgedrungen an das Renommee seiner Kinder denken ...

DR. MICHEL MANDER. Na höre mal, Vater ... für Mädchen mag dieser sittliche Gedanke im kritischen Alter vielleicht vonnöten sein ... aber bitte ... was mein Renommee anlangt, das laß du gefälligst aus dem Spiele ... meine Vergangenheit ist mir furchtbar egal ... hahahaha ... und deine Vergangenheit noch viel egaler ...

MANDER. Neieiein ... neieiein ... wirklich, lieber Michel ... die Frage einer Ehe beschäftigt mich schon seit sehr langer Zeit ... einmal verlangt ein so ruheloses, geplagtes Blut wie das meine endlich doch nach einem dauernden Herzensasyl ... natürlich wird dieses Verlangen in deinem Vater wesentlich gesteigert wegen Lisiska, die jetzt heranwächst ...

DR. MICHEL MANDER. Hahahaha ... alle Achtung für deinen väterlichen Geschmack ... dieses Fräulein Astarte hat ein verteufelt großartiges Wesen ... die hat Stahl verschluckt ... der merkt man den alten, verwahrlosten Lebensschmarotzer und Lebensverächter nicht mehr an ... aber aufrichtig gesagt, Papa ... würde ich mir den Spaß der Heirat heute doch lieber verkneifen ... das gibt eher eine

Entfremdung zu deinen Kindern, als Kindesliebe ... ich als Arzt weiß ja, daß sich manchmal Väter in höheren Semestern nicht bezähmen können ... durchaus noch einmal den jungen Gott spielen müssen ... so weit kenne ich dich leider noch nicht, um zu wissen, ob du zu den ehrlichen Vätern gehörst, die mit den Jahren weise werden ... oder ob auch du immer wieder mit erneuter Jugendkraft auf das vermeintliche letzte, erlösende Abenteuer zusteuerst ...

MANDER *sieht den Sohn erstaunt an.* Na ja ... nein ... an Fräulein Astarte habe ich wirklich niemals im Leben gedacht ... ich glaube auch gar nicht, daß sie sich je solche große Rosinen eingebildet ... um Astarte handelt es sich also ganz gewiß nicht ... übrigens, Michel ... heiliger Rauch ... man kann mit dir reden ... ich hatte dich gar nicht mehr richtig in meiner Erinnerung ... ich habe dich ja wer weiß wie lange nicht wiedergesehen ... Mensch ... du bist trocken wie ich ... hahahaha ... nämlich in der Trockenheit meines Gemütes besteht meine ganze geniale Begabung ... hahahaha ... mit meiner Trockenheit gastiere ich doch überall in der Welt herum ...

Grell lachend.

DR. MICHEL MANDER *lacht ebenfalls sehr.* Na, Papa ... aber ein solches freches Gelächter dürfen wir vor Lisiska nicht anstimmen ... die ist unsäglich peinlich ... wie wir kaum ins Schloß herein waren, rannte sie sogleich in das stille Zimmer der verstorbenen Mutter ... was du ja gewissermaßen so als eine Art Kollektivausstellung für Muttererinnerungen hast aufrichten lassen ... hahahaha ... obwohl weder meine, noch Lisiskas Mutter jemals hier im Schlosse anwesend war ...

MANDER *sieht seinen Sohn wieder drollig an.* Donnerwetter ... Mensch ... du bist trockner wie ich ... du konstatierst einfach die Gaukelkünste deines Vaters als Tatsachen ... das imponiert mir kolossal ... einfach mitten durch den lebendigen Leib die spitze Nadel ... und dann klebe gefälligst fest, Luderchen Tatsache ... hahahaha ... weißt du ... das stärkt mich, lieber Michel ... José ... hole jetzt – – ...

JOSÉ. Fräulein Astarte ...

DR. MICHEL MANDER. Nö ... Astarte noch nicht ... da muß man zuviel Haltung bewahren ... und außerdem kommt der verrückte Alte womöglich mit ... hahahaha ... dem müßtest du einen zerfetzten blauen Mantel anziehen ... und eine Kürbisflasche umhängen ... da könnte er der achte Heilige der Chinesen sein ... hahahaha ...

MANDER *feierlich.* Hole das sanfte, fromme Mädchen ... daran noch kein Körnchen Erdenstaub haftet ... meine einzige Tochter ...

DR. MICHEL MANDER. Nö ... Papa ... durchaus noch jemand ... laß nur ruhig ein bissel Gesellschaft kommen ... hahahaha ... sonst kommen Vater und Sohn aus den Ernsthaftigkeiten des Lebens doch nicht heraus ... was mich anlangt, ich habe in der letzten Zeit so viele bleiche Gesichter in meinem Krankenhause gesehen ... und was Lisiska anlangt, wenn die allein hier vor uns säße, die spricht vor dir doch kein Wort ... die blickt höchstens in Anbetung zu dir auf ... und schweigt wie vorm lieben Gott im Dome ... du hast ja doch neuen Besuch mitgebracht ... du hast ihn ja sozusagen nach Mitternacht im Triumphe ins Schloß gefahren ... bitte also ... heraus die Bescherung ...

MANDER *sieht seinen Sohn wieder erstaunt mit dem Monokel an.* Hahahaha ... nee, Michel ich staune gar nicht mehr ... ich schlage gleich einen dreifachen Salto mortale ... hahahaha ... weißt du ... das richtet mich geradezu auf ... jetzt stecke ich mir doch wahrhaftig die allergrößte, glühendste Rose ins Knopfloch ... riecht denn auch der Rock so abscheulich nach Demimonde ... piii ...

DR. MICHEL MANDER. Nö ... der riecht gar nicht so schlimm ...

MANDER *sich aufrichtend.* Jaaa ... jaaa ... wahrhaftig ... ich brenne heute ... lichterloh ... und in mystischem Glanze ... nämlich ... hahahaha ... ich verzehre mich nach dem dauernden, häuslichen Glücke ... hahahaha ... du ... Fräulein Kopriva sitzt in einer diamantenen Assiette ... ist furchtbar verwöhnt ... weil sie sich mit ihren Himmelsklängen das Gefieder schon richtig mit Juwelen verziert hat ... wie der allerköstlichste Kolibri ... hahahaha ...

DR. MICHEL MANDER *auch eine Rose ansteckend.* Die Rosen riechen zum Heulen ...

MANDER *während er sich spiegelt.* Tja ... auch du weißt, was so eine Rose bedeutet ... *Gleichgültig zu José.* José ... du hast es gehört ... auch Fräulein Kopriva ist Lionel Mander zum Frühstück willkommen ... *Während der Diener nach rechts verschwindet.* das ist die *Rosa mystica* ... die Rose, die das innerst-ersehnte Geheimnis in die köstlichsten Glutfarben einhüllt ... nicht? ... verhüllt ... einen lockt und narrt ... und alles verhüllt ... bis sie es doch *einmal* im Leben wirklich hergibt ... innerst hergibt ... ganz und gar einen Menschen ... diesen Narren Mensch des geheimsten Glückes dauernd teilhaftig macht ... nach dem der Mensch ewig nur suchen geht ... ja ... jetzt den Vorhang auf ... *Vater und Sohn treten in einer theatralischen Umarmung auf die Terrasse.* ach, Michel ... geliebter Sohn ... wie ist das Leben unglaublich schön ... wenn man als der kühngeschaffene Mann ... als der ewig junge Abenteurer so mit endlich klaren Entschlüssen in den neuen Tag hinaustritt ...

DR. MICHEL MANDER. Hahahaha ... wirklich, Papa ... an dir ist der Jüngling noch nicht verdorben ... wenn du z.B. nicht dieses dumme Gebiß eingesetzter Zähne schon hättest, das man bei deinem Sprechen immer golden erglänzen sieht ... übrigens muß ich dich wirklich erinnern, Papa, daß du solche Redensarten niemals vor Lisiska gebrauchst ... denn die würde heimlich einen ganzen Morgen lang heulen ... weil sie behauptet, ältere Männer müßten um jeden Preis Würde haben, wenn man sie achten soll ...

MANDER. Laß man gut sein, Michel ... Würde ... das ist meine Glanznummer ... Gott ... *Er ist erschrocken, starrt in den Park und sieht Lisiska mit der Nonne kommen. Er wird von einer Beseligung wider Willen ergriffen.* mein Piepvogel ... *Er rückt sich plötzlich ganz ergriffen hoch.* meine fromme, gläubige Amsel ... nee ... da soll doch mein Mund lieber ganz verstummen ... *Er stöhnt.* ach Lisiska ... *Er umarmt sie erschüttert.* bist du's leibhaftig ... wie du nur aus deinen Augen strahlst ... wie mich die keuschesten Augen beglänzen ... wie die fromme Tochter den alten, verkappten Vater besieht ... sieh mich nur an, geliebte Lisiska ... ich bin in Wahrheit ein alter Mann ... und trage immer verfluchte Masken ... erkennst du mich denn ... *Er greift hastig nach dem Taschentuche in der Schoßtasche.* ein Taschentuch ... José ... vorwärts ... nachlässiger Tölpel ...

Er eilt ins Zimmer zurück, sich mit der Hand heimlich die Tränen wischend, die ihm aus den Augen stürzen. José hinter ihm. So daß beide im Schlafzimmer verschwinden.

DR. MICHEL MANDER. Papa ist gerührt ...

Lisiska blickt Mander scheu, stutzig und zärtlich lächelnd nach, während sie nach dem Taschentuch greift und auch eine Träne plötzlich wegwischt.

DR. MICHEL MANDER. Du weinst wohl gar ... da weine ich auch ...
LISISKA. Du sollst nicht höhnen ...
DR. MICHEL MANDER. Nö, liebes Nönnel ... in Papa spielen wirklich tausend Gefühle ... da mußt du ja nicht jedes einzelne zu ernst nehmen, Schwester ... Papa ... jetzt komme ... wir sind rein verhungert ...
MANDER *ist wieder in der Schlafstubentür erschienen, immer noch mit der Rührung kämpfend, und das vom Diener neu mit Eau de Cologne begossene Taschentuch auf die Augen tupfend. Hastig und leise.* Gehe ... zu ihnen ... vorwärts ... fort nur ... *Nun laut.* frühstückt nur ruhig ...
DR. MICHEL MANDER. Nein ... das tun wir nicht ... überwinde dich, Vater ... Gerührtsein ist Schwachheit ... hörst du, Vater ... *Man sieht Fräulein Kopriva auf dem Gartenwege herankommen.* Vater ... komm doch ... die Dame kommt schon ...

Während sich Fräulein Kopriva nähert, und Lisiska und Dr. Mander ihr entgegenharren.

Der Vorhang fällt.

Dritter Akt

Ein sehr geschmackvoller Saal in Blau, Gold und mit orangenen Sesseln an den Wänden. Ein runder Mahagonitisch rechts neben einem Mahagoniklavier. Auf dem Tisch liegen einige große Rosen, ein Taktierstock.

Erste Szene

ASTARTE *in einem ganz einfachen Hausanzug mit Schürze, sehr geschmackvoll, kommt von rechts. Hinter ihr Tiefsee.* Ach ... verfolge mich nicht wieder, Vater ... laß mich die Hausgeschäfte besorgen ... und bitte ... mache dich heut nur gar nicht mausig, wenn dieser hohe Besuch da ist ...

TIEFSEE. Du hast es gar nicht nötig, diesem Menschen auch noch die Hausgeschäfte zu besorgen ... du hast es gar nicht nötig ... ja ... du hast ihm durchaus nicht den geringsten, niederen Dienst hier zu tun ...

ASTARTE. Plärre nicht erst ... Mander will das auch nicht ... Mander will es durchaus nicht, daß ich ihm auch nur die geringsten Dienste tue ... daß ich hier sorge ... daß ich mich um irgend etwas in diesem Schlosse sonst kümmere ... aber wer tut es denn sonst ... dann blieb es doch heimlich eine Lotterwirtschaft ...

TIEFSEE. Hat er dich denn heute zum Frühstück gebeten ...

ASTARTE. Nein ... das hat er nicht ...

TIEFSEE. Ja eben ... da hat er eine berühmte Größe da ... ein berühmteres Frauenzimmer wie dich ... hahahaha ... da verleugnet er dich ...

ASTARTE. Laß ihn mich verleugnen ... das tun alle Männer in der Welt ... ich habe außerdem nicht den geringsten Anspruch an ihn ... z.B ... wenn er mich nur so in Kattun sähe, wäre er empört ... da möchte es nur immer Seide sein ... grade habe ich mich heute so schlicht in Kattun gekleidet ... ich werde ihn heute gewiß nicht stören ... hast du denn Mander schon gesehen ...

TIEFSEE. Jaaa ... gesehen ... von der Ferne ... wie er unter lachenden Menschen frühstückt ... unter weltlichen und unter geistlichen ...

aber mich hat er rund abgewiesen … er wollte heute nicht behelligt sein … hier liegen schon Rosen …

ASTARTE. Laß die Rosen liegen … die törichten Mädel sehnen sich auch immer nach etwas … hier muß vor allem der *gewohnte* Strauß Rosen her … folge mir nur nicht immer auf den Fersen … *Indem sie die Klinke in der Hand hält.* und gehe auch endlich …

Astarte voraus, Tiefsee hinterdrein, ab nach rechts.

Zweite Szene

LUNICA *in einen losen, bunten Mantel gehüllt, schlüpft zu einer Tapetentür links herein und springt bis an den Tisch, eine große Rose an der Brust.* O du … o du … der du die das … o du, der du die das bayrische Volk beglückende Konstitution gabst … trallalala … trallalala … *Sie hat dabei eine Weile lustig den Taktierstock geschwungen. Dann reißt sie die Rose vom Busen.* nein … an *dieser* Stelle liegt *dieses* Geheimnis dieser frechen Eselin nicht … hier liegt … diese scharlachne Gauklerblume … dieses glühende Purpurleben … diese mystische Schale des Wahnes … an meinen blühweißen Brüsten entfaltet von der Sehnsucht nur nach dem Einen …

Dritte Szene

ELFI *ebenfalls in einen reizenden, losen Mantel gehüllt, tritt herein durch die Tapetentür, eine Rose an der Brust.* Was treibst *du* denn schon hier für Bußübungen in der Einsamkeit …

LUNICA. Ich treibe gar nichts … ich werde getrieben … nein nein … ich will es dir nur ganz offen sagen … o … diese verliebten Frauenzimmer sind womöglich schon im grauen Morgen aus ihren Betten geschlichen … und haben ihre Willkommengrüße für den Meister wer weiß wo überall angebracht … und sogar auf diesem Tische herumgesudelt …

ELFI. Gott sei Dank … hahahaha … daß wir den Baron wieder los sind … ich kann das grüne Holz für den Tod nicht leiden … so ein junger Schnösel ist mir richtig zuwider … ich kann nur ältere Männer leiden …

Sie greift auch nach der Rose an ihrer Brust und nestelt sie ab.

LUNICA. Nö ... bitte ... Elfi ... *mein* blutendes Herz liegt hier in der Mitte ...

Sie macht mit den Fingern Zeichen drüber.

>Hokus pokus Kolibri ...
>meiner Nächte Melodie ...
>Rose ... ich beschwöre dich ...
>blute du ... offenbare mich ...
>heute bin *ich* dran ...

ELFI. Ich bin unglücklich, liebe Lunica ...
LUNICA *versucht zu tanzen.* Darüber hast auch du nur froh zu sein ... Sängerinnen und Tänzerinnen müssen um jeden Preis ein-, zweimal tief unglücklich sein ... sonst wird nichts aus ihnen ... sonst taugen sie nie was ... ich habe das erstemal scheußlichen Jammer schon hinter mir ... o Gott ... wenn ich dir nur mein zerfleischtes Herz zeigen könnte ... trallalala ... trallalala ... ich nehme mir sicher noch einmal das Leben ...

Vierte Szene

LIDDI *erscheint huschend, ebenfalls im losen Mantel, aus der Tapetentür. Eine Rose an der Brust.* Kinder ... es wird immer bunter im Schlosse ... es ist auch eine Berühmtheit eingezogen ...
ELFI. Woher weißt du denn das ...
LIDDI. Hahahaha ... ich weiß schon alles ... macht euch gefaßt ... heut ist Lionel spröde ... heut seid starr wie die Tulpen ... es sitzt sogar noch eine Nonne am Frühstückstisch ...
ELFI. Natürlich ... das ist doch die Nonne von dieser Tochter ... diese Tochter hat er doch von irgendeiner vornehmen Frau, die bis zum Wahnsinn in ihn verliebt war ...
LIDDI. Von der hat er ja doch auch einen Sohn ...
LUNICA. Seid ihr blöde ... den Sohn hat er doch von einer Andern ...

ELFI. Gar nicht ... der Meister hat ausdrücklich nur einer einzigen Frau hier im Schlosse dieses herrliche Mutterheiligtum eingerichtet ...
LUNICA. Jawohl ... der Einzigen ... von der er den Leuten weismachen will, daß er wirklich einmal ein Weib gehabt ... »ein Weib« ... »ein Kleinod« ... »im innersten Herzen geborgen« ... »und nur dieses Eine« ... wie er so flunkert ...
ELFI. Schwatzt doch nicht Frechheit ... und zieht nicht alles gleich ins Gemeine ... dazu seid ihr zu jung ...

Fünfte Szene

Schwänchen kommt huschend aus der Tapetentür, ebenfalls im losen Mantel.

LUNICA. Gutes Schwänchen ... kommst du endlich ...
SCHWÄNCHEN. O Gott Gott Gott ...
LUNICA. Du machst ja ein jämmerliches Gesicht ...
SCHWÄNCHEN. Kinder ... habt ihr je eine Heilige gesehen ...
LIDDI. Ein Nonnengewand ist ja so raffiniert ...
ELFI. Mater Scholastica heißt die Fromme ...
LIDDI. Das rollt ja wie eine Dampfwalze hin ...
LUNICA. Was liegt denn einer solchen Nonne an ihrem Namen ... oder an ihrem Nonnengewande ... die sucht etwas Besseres in der Welt ... die sucht nach den Stürmen die Ruhe der Seele ...
SCHWÄNCHEN *plötzlich ausgelassen*. Hahahaha ... diese asketische Nonne ... ist mir gleichgültiger wie eine geschlachtete Pute ... wahrhaftig ... aber ich sage euch ... die junge Tochter von Lionel Mander ...
ELFI. Ih ... die tut sich so was ...
SCHWÄNCHEN. O Gott Gott Gott ... ich bin furchtbar traurig ... Lunica ... ich sage dir ... du machst dir keinen Begriff ... es ist eine Himmelserscheinung ... sie wandelt gar nicht auf Erden ... sie wandelt frei in der Luft ... man sieht geradezu die unschuldigen Himmelsfratzen um sie schweben, die ihr mit Lilien an langen Stengeln Duft zufächeln ...
ELFI. Hahahaha ... so einen theatralischen Aufzug denkt sich natürlich nur Schwänchen aus ... die ist ja die Tochter einer Ratskanzleidirek-

torswitwe ... hahahaha ... dir hat ja der liebe Gott eine Extrawurst gebraten ... hahahaha ...

LIDDI. Prahl dich doch aus mit deiner Geschichte ... die du dir nur von einem Altarbilde so reinweg gestohlen hast ...

ELFI. Wirklich, Schwänchen ... das klingt *so* gemacht ...

LIDDI. Einfach ... ein dummes, eingebildetes Ding ist diese Tochter von Lionel Mander ... ja freilich ... die würde mit ihren sechzehn siebzehn Jahren schon froh sein, wenn sie die Liebesgöttchen umschwebten ... das glaube ich auch ...

ELFI. Das würde auch dem Herrn Maestro sehr passen ... denn der hat doch eine entsetzliche Sucht, jedes wahre Gefühl gleich in theatralisches Talmi einzulöten ...

SCHWÄNCHEN. Geifert euch nur aus wie die Dromedare ... man kennt ja das schon ... jedes andere junge Frauenzimmer ist euch einfach zuwider ... weil ihr selber in Lionel Mander verrannt seid ... da möchte er womöglich nicht einmal eine Tochter haben ...

Sechste Szene

LACERTA *kommt huschend aus der Tapetentür, ebenfalls im Mantel. Die Rose in der Hand.* Psst psst psst ... ihr habt wohl schon wieder einen Krach ... ich weiß schon ... doch um die heilige Lisiska ... hahahaha ... um das süße Mäuschen ... schön wie ein Vogel aus schlohweißem Flaum ... dumm wie ein Stock mit echt goldenem Knopfe ... hahahaha ... wie *die* bloß die Augen verstohlen zu Boden senkt ... wenn sie so wandelt ... selber heilig ... und rechts noch die Nonne mit großem Blick ... tief in sich gekehrt ... und jede von nackten Englein träumend ... ja ... wie ich gerade am ganz zeitigen Morgen im Hemde total verschlafen durch die Vorhangsspalte in den Park hinaussehe, ob es Tag ist ... da laufen die Beiden schon feierlich hin zum Pfaffen ... hahahaha ... nee, Kinder ... habt ihr nicht eine Prise Pfeffer ... oder ein schlechtes Bonbon ... ich *muß* mich stärken ... weg mit der Dummduseligkeit von Liliengerüchen ... Liddi ... da rieche ich doch weiß Gott lieber deinen betulichen Arm an ... *Liddi wehrt sich.* ich tu dir ja nichts ... ich will ja nur dein Fleischliches riechen ... bist du albern ... nein ... so eine Lebenserstarrung sieht göttlich aus ... ich wäre vor Anbetung beinah zum Fenster hinausgeflogen ... um niederzukniееn ... und der strenge Meister Lionel Mander hätte sollen sein Wunder sehen, wie die ungezähmte Lacerta im Hemdlein vor den ungesalzenen, gottselig versunkenen Weibern demutsvoll knixte ... nee, wahrhaftig ...

Siebente Szene

KONZERTMEISTER WINDFELLNER *ein alter Herr mit graumeliertem Vollbart, kommt von rechts herein. Hinter ihm eilen noch einige Tänzerinnen in Morgenmänteln herein. Windfellner setzt seinen Geigenkasten neben den Tisch auf einen kleinen Schemel ab.* Nun bitte, meine Damen ...

ALLE ZWÖLF TÄNZERINNEN *hüllen sich in ihre eintönigen, zarten Tanzkostüme aus ihren Mänteln und rufen in einem Rufe.* Guten Morgen, Herr Konzertmeister ...

Wobei im Schwunge des Aushüllens eine jede einen anmutigen, anderen Knix drollig versucht.

WINDFELLNER. Guten Morgen ... guten Morgen ... es ist ein bissel spät geworden ... der Herr Mander hat einen hohen Besuch ... ja ... na ... ich meine nicht bloß seine beiden Kinder ... nun, bitte ... wollen wir einmal zuerst die kurzen Fußübungen beginnen ... wo bleiben denn die lieben Kollegen im Herrn ... wo denn ... es scheint heut alles ein bissel aneinander zu zerren und aufeinander zu lauern ... da lauert schließlich eins immer vergeblich auf das andere ... ja ... nicht bloß *einen* Besuch ... nicht bloß die zwei lieben Kinder ... jedes auf seine Weise lieb und gut ... heute nach Mitternacht ist mit dem gnädigen Herrn auch noch eine Berühmtheit im Schloß eingetroffen ... nun, bitte bitte ... kommen Sie nur herein ... gucken Sie nicht erst lange noch durch die Scheiben ...

Es kommen vier Streichmusiker.

SCHWÄNCHEN. Herr Konzertmeister ... wer ist denn diese berühmte Dame ...

WINDFELLNER. Meine Damen ... es ist keine Konversationsstunde ... es ist eine Tanzstunde ... dreist und gottesfürchtig ... nee ... das geht nicht, liebes Schwänchen ... daß wir hier womöglich die Zeit mit Allotria zubringen ... dazu kriege ich nicht das viele Geld von Lionel Mander ... ja ... denn es ist jetzt überhaupt ein frommer, sittsamer Geist im Schloß eingezogen ... das bitte ich zu beachten ... also los ...

EINER DER MUSIKER *während die vier Musiker noch ihre Instrumente stimmen.* Einen Augenblick noch, Herr Windfellner ...

WINDFELLNER. Na ja ... Schwänchen ... nee nee ... nicht bloß die beiden Kinder ... fürs letzte ist ein ganz hoher Besuch eingezogen ... das ist die berühmte ... Ottilie Kopriva ... von deren Diamanten allein man schon behauptet, daß man sich dafür einen Fürstensitz kaufen könnte ... die berühmte Primadonna aus der Kaiserstadt ... eine Dame ... na ... von berückendster Kunst ... die mit unserm Herrn Mander natürlich auf ganz vertrautem Fuße steht ... Lionel Mander, wissen Sie ... na ja ... solchen Leuten ... denen blüht manchmal ganz gehörig der goldene Weizen ... das kann der oder jener von Ihnen auch im Leben passieren ... dann reicht man sich bloß noch sozusagen über die Köpfe von unsereinem die Hände mit den allerhöchsten Spitzen des irdischen Daseins ... wie Lionel Mander ... und ist von unten überall nur noch auf Rosen gebettet ... wie man hier sieht ... darf man denn wenigstens riechen daran ...

LUNICA *empört.* Nein ... Herr Konzertmeister ... ja nicht anrühren ... Sie verschieben sie ja ... lassen Sie doch die sprechenden Rosen liegen ...

Die Tänzerinnen lachen.

WINDFELLNER *ist erschrocken zurückgefahren.* Na na ... schon gut ... ich weiß schon ... ich weiß schon ... deren Sprache verstand ich auch einmal, wie ich jung war ... jetzt ist man ein weiser, eingetrockneter, grauer Esel ...

Die Musiker nicken Windfellner zu. Windfellner schlägt mit dem Stock auf. Die Tänzerinnen machen einige Schritte im Reigen zur Musik.

WINDFELLNER *sie unterbrechend.* Neee ... neee ... neee ... neee ... das sieht ja aus, wie wenn eine Herde Fettgänse zum Minister ginge ... noch mal ... der Einsatz ... der Einsatz ... *Er klopft wieder mit dem Stock.*

Die Musiker sind nicht zusammen.

WINDFELLNER *breit.* Meine Herren ... wir sind doch nicht unter konzertierende Pinguine geraten ... wie ... noch mal ... *Er klopft wieder.*

Die Musiker spielen. Die Tänzerinnen machen einige Schritte.

WINDFELLNER *abklopfend.* Was denn ... was denn ... Lunica ... Schwänchen ... noch mal ... gebratene Tauben fliegen nicht rum ... die Mäuler zu ... und wo sind die Blicke ...

LIDDI *frech.* Wir schlafwandeln noch ... wir haben die Heilige vor den Augen ... die noch unschuldsvolle, von Erdenstaub reine Tochter des Meisters ...

WINDFELLNER *legt den Stock verstimmt beiseite.* Na bitte ... da starren Sie dieses lilienbleiche Idol noch einmal rasch an ... und dann lassen Sie dieses höhere Licht vor Ihren Augen erlöschen ... hier haben wir nicht mit Heiligen zu tun ... hier haben wir mit den Beinen zu tun ... beten Sie hier meinetwegen den Teufel an ... wenn er Ihnen nur gehörig ins junge, sündige Fleisch hineinfährt ... ich wußte das schon, daß heute alles verkehrt sein würde ... ich dachte mir's schon, wie ich die ganze vornehme Gesellschaft Lionel Manders am Frühstückstische sitzen sah ... wer eine Kunst vollkommen erlernen will ... z.B. auch nur einen Rhythmus gut einhalten will ... der muß wie ein Pferd mit Scheuklappen gehen ... hahahaha ... worauf ich im Leben immer streng gehalten habe ... nun los ...

Er taktiert.
Die Musiker spielen. Die Tänzerinnen tanzen.

Achte Szene

Baron Attendorn kommt durch die Tür von rechts. Macht eine Handbewegung, als wollte er den Tanz sofort anhalten.
Windfellner achtet zuerst nicht. Wie Attendorn zu ihm eilt, hält er die Hand links abwehrend empor, ohne sein Taktschlagen zu unterbrechen. Der Tanz wird zu Ende getanzt.

WINDFELLNER *behaglich.* Gut ... das war gut ... das war sehr gut ... meine Damen ... *Die Tänzerinnen, mit hastigem Atem, drehen* sich an die polierte Mahagonistange. *Tuscheln und lachen untereinander.* das war das Erste, was heute gelungen ist … das wird man doch nicht gleich schon wieder unterbrechen … na … was gibt es …

ATTENDORN. Der Herr Lionel Mander erscheint sogleich in eigener Person …

WINDFELLNER. Ih … das sagen Sie nur sonst jemandem im Schlosse … erstens wäre das endlich wieder die alte Ordnung …

ATTENDORN. Tja … aber er bringt eine berühmte Kunstgröße mit …

WINDFELLNER *hört nicht mehr.* Meine Damen … die Sache war nämlich an sich noch immer hundeschlecht … die Lacerta ringelte sich ja wie ein Nennauge in Gelee … neiein … das war gar nichts … ja, ja Herr Baron … hier wird getanzt … und nichts sonst getrieben … los …

Die Musiker spielen. Die Tänzerinnen tanzen.

ATTENDORN *ist auf die Terrasse hinausgetreten. Blickt sofort zurück und sagt laut in den Saal.* Der Meister kommt …

Windfellner taktiert Musik und Tanz fort, ohne Acht.

Neunte Szene.

Ottilie Kopriva tritt am Arme Lionel Manders, beide in hocheleganter Promenadenkleidung, in den Saal. Ottilie Kopriva ganz von oben herab lächelnd nickend. Lionel Mander sieht gleich scharf in den Tanz. Dazu den Takt mit dem Fuße und lautlosen Gebärden der Hände schlagend. Dann Windfellner zulächelnd. Dann sagt er zu Fräulein Kopriva etwas leise.

MANDER *klopft Windfellner auf die Schulter, während sich Michel Mander noch von rechts leise hereindrückt.* Gut … gut … lieber Windfellner …

Windfellner verbeugt sich während des Taktierens.
Fräulein Kopriva nickt herablassend dazu. Mander die rechte Hand jetzt zu Windfellner hochhaltend, während er auf die Tänzerinnen einen Schritt zutritt. Windfellner klopft sogleich ab.

In diesem Momente stürmen.

ALLE TÄNZERINNEN *vor und umringen Mander.* Guten Morgen, Lionel Mander ... guten Morgen, Maestro ... geliebter Meister ... geliebter Meister ...

MANDER *spröde und herrisch.* Was ... was heißt das ... was heißt das ... was soll das bedeuten ...

Alle Tänzerinnen stocken plötzlich scheu.

MANDER. Es ist doch hier keine Armenküche ... daß ich nicht wüßte ... ich trage doch keine Terrine mit Suppe hoch, daß Sie mich alle derart bestürmen ... ich verstehe gar nicht ... wo bleibt denn der Takt ... Sie haben wohl das Gesetz der Distanz ganz vergessen ... *Er winkt sie noch weiter zurück.* hier ist keine Familienszene ... *Er ermannt sich.* also bitte ... hören Sie her ... ich habe heute die allererlesenste Ehre, Sie hier einem ganz erlauchten Stern ... einem wahren Kometen der Kunst vorzustellen ... Sie wissen ja, was Kometen sind ... daß Kometen nur äußerst selten sind ... nur durch glücklichen Zufall und göttlichen Einfall in unsere niedrige Sphäre geraten ... ja ... und meine Gedanken über Musik kennen Sie auch ... Sie praktizieren sie ja selber in Ihrem Blute und Ihren Beinen ... und hoffentlich auch mit der Seele ... und wissen es also ... vor der Musik sind alle Künste nur Sklaven ... und diese wunderbare, vor Ihnen stehende Frau ist ein solcher göttlicher Quell der Musik ... andächtig also ... ihr entströmt die reinste Seelenmusik ... Sie kennen alle längst ihren Namen ... es kann ja doch gar keine andere sein ... es gibt nur die Eine ... es ist die Kopriva ...

Alle Tänzerinnen machen das tiefste Kompliment, ganz nach der Schnur.
Einige haben in Gedanken ihre Rose von der Brust genommen. Andere haben bei ihrem Kompliment ihre Rose fallen lassen.

MANDER *erregt.* Windfellner ... was für eine Unart ... man trampelt da schon auf Rosen herum ... nehmen Sie doch die Rosen gefälligst wieder vom Boden auf, wenn sie Ihnen durch Ungeschick wirklich entgleiten ... natürlich cachiert durch Ihre Grandezza ... aber rasch ... oder wollen Sie gleich auf Rosen tanzen, ehe es Zeit ist ... bei diesem Ihrem blöden Gestümper ...

Windfellner schlägt mit dem Stocke. Die Tänzerinnen ordnen sich alle zu einem Reigen.

MANDER. Neieiein ... die Mäntel, bitte ... einen Tanz von Gräberfrauen möchte ich sehen ... meine Gnädigste ... nur ein flüchtiger Einfall natürlich ... *Er flüstert.* weil ich wahrhaftig meine ganze Vergangenheit heute vor Ihnen begraben möchte ... *Wieder laut.* hahahaha ... gewissermaßen nur im Konzept ... nun aber, bitte, etwas Erfindung ... aus eigenem Gefühl ... machen Sie mir einmal wirklich Ehre ...

FRÄULEIN KOPRIVA. Oh ... gerade so etwas im Augenblicke Erfundenes und Freies freut mich besonders ...

Die Tänzerinnen haben sich in ihre Mäntel gehüllt. Windfellner klopft mit dem Stocke auf. Zu einer düsteren schwermütigen Melodie bewegen sich die Mädchen tragisch.

MANDER *dazwischen rufend*. Nein ... die Rosen *nicht* unter den Mantel bergen ... heraus damit ... wir müssen fühlen, daß Sie die *Rosa mystica* halten ... ach ... Sie haben nicht alle Rosen ... *Er greift vom Tische die Rosen und wirft sie ihnen zu.* hier sind noch Rosen ...

Die Tänzerinnen tanzen einen Schwermutsreigen.

MANDER. Nee ... nee ... nee ... nee ... das ist ja nur blöder Verdruß der Leiber ... das klebt ja wie Leim ... das kriecht ja wie Schnecken ... so was soll doch nicht etwa von der tragischen Muse augehaucht sein ... neieiein ... ich kann ja das immer weniger sehen ... es wird immer schlimmer ... haaalt ... haaalt ... wir blamieren uns tödlich ...

WINDFELLNER *hat widerwillig abgeklopft, selber in einiger Verwirrung.* War etwas verfehlt, Herr Mander.

Er gibt neu das Tanzzeichen.
Die Musiker spielen. Die Tänzerinnen tanzen neu.

MANDER *immer zorniger*. Ich ertrage das nicht ... solche Leistungen reizen heute mein Blut ... das ist ja aus Erde ... das ist ja frivol ...

Die Mädchen erstarren. Zum Fliehen erschrocken.

MANDER *hin und her.* Das ist ja nicht Kunst ... das ist ja Mache ... das ist ja seelenlos und gemein ...
FRÄULEIN KOPRIVA. Was ist, lieber Mander ...
MANDER. Da ist nicht zum Ansehen ... das ist ja unmöglich ... nur fort fort fort fort ... ja ... ich sag das nicht zweimal ...

Die Tänzerinnen verlassen eilig den Saal durch die Tapetentür, einige lassen die Sträuße wieder fallen.

MANDER. Die Rosen, zum Henker ... das wird ja zum täppischen Blumenspielzeug ... in diesen kindischen, unreifen Händen ...

Die betreffenden Tänzerinnen kommen hastig zurück, um die roten Rosen aufzuheben und sofort zu fliehen. Die Tapetentür ist hinter ihnen geschlossen. Mander geht erregt auf und ab.

Zehnte Szene.

Es ist Totenruhe.

DR. MICHEL MANDER. Na ... weißt du ... lieber Vater ... du behandelst aber das ewig Weibliche geradezu *en canaille* ... hahahaha ... sei doch vergnügt ... das lohnt sich ja gar nicht ...
ATTENDORN *leise.* Kommen Sie nur, Herr Doktor ... machen Sie Ihren Herrn Vater nicht noch zorniger ...

Attendorn mit Dr. Mander gehen hinter den Mädchen drein.

DR. MICHEL MANDER *im Verschwinden hinter der Tapetentür.* Wir werden jetzt lieber die jungen Gräberfrauen zum friedlichen Tennisspiele einladen ... und ihnen die Herzenswunden verbinden, die du ihnen wieder geschlagen hast ... grausamer Mensch du ... hörst du, Papa ...

Beide ab.

Elfte Szene

Mander geht noch immer erregt hin und her. Windfellner hat seine Geige eingepackt und steht unschlüssig die Schultern zuckend.

MANDER. Lieber Windfellner ... tja ... ich bin furchtbar nervös ... ich bin durch tausenderlei blöde Dinge dieser Welt in den letzten Tagen furchtbar nervös gemacht ... gehen Sie ruhig ... üben ... üben ... nichts weiter als üben ...
WINDFELLNER. Guten Morgen, Herr Mander ... guten Morgen, meine gnädigste Frau ...
FRÄULEIN KOPRIVA. Guten Morgen, Herr Windfellner ... es tut mir so leid ...
MANDER. Guten Morgen, lieber Windfellner ... an Ihnen hat es durchaus nicht gelegen ...

Windfellner mit Kompliment nach der Tür rechts ab. Während sich die Musikanten schon bald nach den Tänzerinnen entfernt haben.

Zwölfte Szene

FRÄULEIN KOPRIVA. Was ist ... lieber Meister ...

Mander sitzt jetzt mit dem hohen Hut und Monokel auf einem Sessel. Vor sich gebeugt und auf die Erde starrend.

FRÄULEIN KOPRIVA. Sie machen mir ja fast bange, wie launisch Sie sind ... wie zerrüttet Sie sind ...
MANDER. Ja ja ... so bin ich ... also auch Ihnen mache ich bange ... den Zweck hatte ich zwar durchaus nicht im Auge ...

Er starrt vor sich hin.

FRÄULEIN KOPRIVA. Was gab es denn wirklich ... nach unserem heiteren Frühstück ... in dieser weinbehangenen Pergola mit der Mater Scholastica ... und Ihrem lieblichen Klosterzögling zusammen ... und dem lustigen Chirurgus obenein ...
MANDER. Ja ... nach diesem heiteren Frühstück ... mit dieser monumentalen Nonne ... und diesem eingeschüchterten Klosterzögling

zusammen ... denken Sie denn, daß ich solches Glück jemals in diesem Leben genoß ... niemals ... und bin dabei alt geworden ... und habe noch immer denselben Durst ... und habe noch immer denselben Hunger ... und zersehne mich darnach wie ein Kasteier ...

FRÄULEIN KOPRIVA. Mander ... alt ... jeder wird alt ...

MANDER. Ich habe ein Schloß ... ich halte zehn Diener ... ich hab einen Sohn ... einen lustigen Chirurgus ... und weiß kaum von wem ... einen trockenen Schelm ... und die Tochter trägt auch ein fremdes Gesicht ... hahahaha ... ich habe ja alles ... alles zieht so in Gaukelkünsten vorüber ... das blöde Leben geht ungestillt hin ...

FRÄULEIN KOPRIVA. Sie unersättlicher Mensch ... mein lieber Mander ... da hören Sie mich einmal ... vielleicht haben Sie zuviel Fühlfäden gehabt ... haben alles gleich zu dreist oder auch zu fein betastet ... und haben auch wer weiß was hinter den Dingen gesucht ... und haben vielleicht auch nicht genug Ausdauer gehabt, dahinter zu kommen ...

MANDER. So so so so ... also auch Ihnen erscheine ich wie so ein unverbesserlicher, gaukelnder Flunkerjan ... das fehlt noch am Ende ...

FRÄULEIN KOPRIVA. Hören Sie einmal, lieber Mander ... was Ihr Alter anlangt, so sind Sie nicht alt ... Alter ist überhaupt nur ein Gedankending der oberflächlichen Geister ... der rechnenden Leute ... eine reine Gedankenchimäre ... die der blöde Zahlenfanatiker in uns zum Ballon aufgeblasen hat ... in Argentinien auf den weiten Prärien ist jeder Cowboy grade immer so alt, als er sich fühlt ... und es in Taten beweisen kann ... wenn ich nicht mehr werde frei und froh atmen können ... mich mit meinem Atem nicht mehr frei und froh im Gesange werde hinausgeben können ... gläubig an's Leben und an eine gute Bestimmung ... mich und meine Lebenslust ... und die Lebensschmerzen, die jeder trägt ... und immer wieder die höchsten Gesichte, die auch jeder trägt ... ja ... lieber Mander ... jeder natürlich in seiner Sphäre ... aber das Leben enthält durchaus keine anderen Höhepunkte ...

MANDER *aufhorchend. Nachsprechend.* Wenn ich mich nicht mehr frei und froh werde hinausgeben können ... mich und meine Lebenslust ... und die Lebensschmerzen, die jeder trägt ... und immer wieder die höchsten Gesichte, die auch jeder trägt ...

FRÄULEIN KOPRIVA. Ja Gott ...
MANDER. Welche Gesichte ... welche höchsten Gesichte ...
FRÄULEIN KOPRIVA. Hahahaha ... jetzt horchen Sie auf ... und möchten womöglich, daß ich Ihnen die Lösung brächte ... Ihnen diese letzten Dinge leibhaftig wie einen Goldtaler in die Hand drückte ... die haben ja leider gar keine Leibhaftigkeit ... sind nur Musik ... man redet ja auch nur so unbedacht hin ... wie Mund oder Herz eben unbedacht redet ...
MANDER *springt auf und geht mit gesenktem Kopfe theatralisch auf und ab. Dann erhebt er den Kopf und starrt Fräulein Kopriva dringend an.* Welche höchsten Gesichte haben Sie noch ...
FRÄULEIN KOPRIVA. Sprechen Sie nicht so fanatisch ... mein lieber Mander ... ich bin auf solche heiße Art niemals im Leben gefaßt gewesen ... das hat immer auf mich gewirkt wie ein Raubanfall auf ein armes Kind ... außerdem sind auch die Türen offen ...
MANDER. Wenn *ich* hier bin, kommt niemand herein ...
FRÄULEIN KOPRIVA. Aber ich liebe auch derlei Erregungen ganz und gar nicht ...
MANDER. Ja ... *Starrt vor sich hin mit dem Kopfe nickend.* denn hier beginnen die irdischen Mächte ...
FRÄULEIN KOPRIVA. Ach ... Mächte hin, Mächte her ... das ist was Schreckliches, diese Mächte ... ich kenne schließlich die ewigen Versicherungen und die weichen Sehnsüchte dieses irdischen Lebens auch ... die narren uns immer ... die führen uns immer nur irre ... ich mag das nicht ... Sie, lieber Mander, haben im Leben mit wer weiß was für Menschen und Dingen ewig gespielt ... ich spreche mich auch nicht frei davon ... ganz und gar nicht ... wir spielen immer ... und spielen alle ... nein nein ... werfen Sie ja den Bann ruhig wieder von sich ... ich kann bei einem Manne die Hitze noch weniger leiden, als bei einer Frau ... aber immer noch lieber ein tolles Frauenzimmer ... obwohl ich es im Leben niemals gewesen bin ...

Mander hat ihre Hand ergriffen und küßt sie.

FRÄULEIN KOPRIVA. Nein nein nein nein ... das kann nie wahr sein ... gewiß ... ich weiß wohl ... bei Ihrer neuesten Anbetung denken Sie vor allem zärtlich an Ihr liebliches, hingebendes Töchterlein ... und sehnen sich danach, diesem vornehmen, ein bissel heimatlosen Kinde eine ruhige, dauernde Heimat und gewissermaßen einen Familienhalt zu geben in diesem Leben ... das begreife ich alles ...

Er kost dabei ihre Hand, während er den Kopf gesenkt und die Augen geschlossen hält.

Dreizehnte Szene

ASTARTE *wie vorher gekleidet, erscheint von rechts, mit einem großen Strauß roter Rosen.* Oh ... entschuldigen Sie bitte ... ich wußte gar nicht ...
MANDER *fixiert sie ohne jede Erregung.* Jaaa ... stecken Sie nur den gewohnten Strauß in die Vase ... liebe Astarte ... *Vorstellend.* Fräulein Astarte Tiefsee ... sorgendes Auge ... Hüterin ... Wirtschaftsdame ... das berühmte Fräulein Kopriva ...
FRÄULEIN KOPRIVA. Guten Morgen, liebes Fräulein ... Sie bringen so schöne Rosen ...
ASTARTE *macht eine Verbeugung.* Herr Mander hat Rosen besonders gern ...
MANDER *spröde.* Übrigens möchte ich vom *Gesinde* keinesfalls gestört sein ... liebe Astarte ...
ASTARTE *im Abgehen.* Sehr wohl, Herr Mander ... *Ab.*

Vierzehnte Szene

FRÄULEIN KOPRIVA. Ein schönes, stolzes Mädchen ... warum flackern Sie mit den Augen, Mander ...
MANDER *emphatisch.* Ottilie Kopriva ... *Er versengt sie mit seinem Blick.*
FRÄULEIN KOPRIVA. Sie sind verrückt, Mander ...
MANDER *wie vorher.* Sie sind mein Schicksal ...
FRÄULEIN KOPRIVA. Kommen Sie wenigstens *jetzt* fort von hier ...
MANDER *immer leidenschaftlicher.* Hier drin war immer nur Flucht ... ich jagte immer nur Lockbildern nach ... rastlos ... als hörte ich beständig die Umdrehung dieser Erde sausen ... die Zeit flog mit mir ... immer nur heimlich jedes kleinsten Lebensvorteils gewärtig

... eine Jagd ... Dinge und Menschen ... ich nahm sie in meine Arme ... und ließ sie gleichgültig wie die Chausseebäume hinter mich ziehen ... selbst die Mütter der Kinder ... machen *Sie* die Zeit stille stehen ... geben Sie nicht nur meinem Kinde ... geben Sie auch mir eine dauernde Heimat bei sich ... zum ersten Male ... und für immer und ewig ... machen Sie mich zum trotzigen Felsen ... zum Felsen der Treue ...

FRÄULEIN KOPRIVA. Lionel Mander ... hahahaha ... ein Fels der Treue hahahaha ... und wo liegt wohl das ganze große Menschenland, das auf dem Felsen der Treue aufgebaut wäre ...

MANDER *inbrünstig.* Hinter all meinen Hüllen habe ich nur ein *einziges, wahres* Leben, das danach hungert ... und danach dürstet ...

FRÄULEIN KOPRIVA *unterbricht ihn hastig.* Mander ... lieber Mander ... ich bitte Sie ... ich bin doch kaum ein paar Stunden im Schlosse ... was würden denn Ihre Kinder zu so einer hergelaufenen Mutter sagen ...

MANDER. Ottilie ... Ihre Scheuheit ... Ihre himmlische Keuschheit ... Ihre himmlische Mütterlichkeit ... Ihre Stimme ... Ihre Stimme ...

FRÄULEIN KOPRIVA. Kommen Sie fort ... ich will hier nicht stehen ...

MANDER. Ottilie ... *Er ermannt sich plötzlich.* ja ... meine Gnädigste ... *Er sieht sie wie schlafwandlerisch an.* oh ... Sie befehlen ... *Er reicht ihr formell den Arm.* kommen Sie jetzt in die freie Luft ... es ist mehr wie die sogenannte Leidenschaft Liebe, die in uns zittert ... Ihre Stimme bebte wie tiefste Musik ... *Im Verschwinden durch die Glastür in den Park.* oooh, diese Stimme ... *Ab.*

Der Vorhang fällt.

Vierter Akt

Im Park in der Nacht. Tief der See im Dämmer. Bewegliche, bunte Lichter. Fernes Glitzern. In den Lüften beständig feine Gitarrenmusik. Verschiedene Wege von rechts und links vorn und nach der Tiefe. Ganz vorn ein Rasenplatz. Links eine Gartenstelle mit Bank, von einem Lampion spärlich beleuchtet, von Weißbuchengebüsch eingehegt. Rechts aus der Tiefe sieht man Leute kommen.

Erste Szene

TIEFSEE *als Archimedes.* Hahahaha ... großartig ... wenn man so als bedächtiger, ewig tüftelnder Löffelgreis durch die Welt läuft ... so als beständiger Archimedes ... der seine fünfzig Rezepte alle an den Fingern herzählen kann ... rückwärts und vorwärts ... aus der Weisheit durchaus gar nicht mehr heraus kann ... wie aus ein paar nassen Wasserstiebeln ... wenn einem dabei die Beine auch schon geschwollen sind ... hahahaha ... bei Mander ist dieser Fall anders ... hahahaha ... dieses Kostüm hat nämlich Lionel Mander von sich geschleudert ... hehehehe ... sozusagen wie neu ... wie er alles so von sich schleudert ... wie neu ... hahahaha ... Kleider und Menschen ...

WINDFELLNER *im Frack hinter ihm.* Ja ... ein Nachtfest bei Lionel Mander ... *Er wischt sich den Schweiß.* zu guter Letzt richtig ein Dampfbad ... schwüler als die Hölle ... und soll auch gleich ein höheres Vereinigungsfest mit dem letzten, weiblichen Idole sein ... ein wahrhaftiges Seelenverlobungsfest ... nach der großen Cour am Nachmittag ... wo er Ottilie Kopriva bereits als die Retterin aus den flüchtigen Süchten des Lebens pries ... und sie als die dauernde Heimatgeberin ... sozusagen als die Eheherrin und Mutter dieses Schlosses feierlich ankündigte ...

TIEFSEE. Jaaa ... wie ich Lionel Mander kenne ... hahahaha ... wird er sich heute nicht entblöden, die allerletzten Register zu ziehen ...

Tiefsee will sich auf die Bank setzen.

WINDFELLNER. Nö ... nö ... da muß man durchaus in den Obstgarten weitergehen ... um sich in Ruhe abzukühlen ...

TIEFSEE *gewichtig.* Nein ... alles was wahr ist ... ich habe in meiner Laufbahn als Charakterspieler ... als Darsteller der wichtigsten Typen des furchtbar gewichtigen Menschenvolkes auch durchaus meinen Mann gestanden ... ich habe z.B. einmal den Diogenes dargestellt ... das gab eine Sensation ... so daß ich mit diesem Kunsteindrucke ein vornehmes Weib aus der Creme derart zu meinen Füßen gezwungen ... hahahaha ... daß ich sie ein volles Jahr mindestens habe ausnützen können ...

Beide sind unter diesen Worten nach links vorübergegangen.

Zweite Szene

Der halbwüchsige Junge als Pan huscht vorn auf den Rasenplatz, schlägt in die Hände, so daß sich die Kinderschar als Nachtpfauenaugen um ihn sammelt. Er beginnt sofort die ferne Gitarrenweise auf der Flöte mitzuspielen. Die Däumelein schweben einen lieblichen Reigen. Wie Leute kommen, huscht alles in die Tiefe.

Dritte Szene

DR. MICHEL MANDER *im Frack mit Lunica kommt aus der Tiefe in den Weißbuchenplatz.* Nee ... macht doch um Gottes willen diesen Lampion aus ... daß man wenigstens *eine* Stelle in Ruhe hat ...

Er hat den Lampion ausgeblasen und umarmt und küßt Lunica.

LUNICA *empört.* Loslassen heißt es ... sonst beiße ich ... ich bin sehr bissig ... loslassen sag' ich ... *Sie hat sich plötzlich mit einem Rucke losgerissen und springt zwei Schritte fort.* und wenn Sie das Licht nicht sofort anzünden, bin ich fort wie ein Weberschiffchen ...

DR. MICHEL MANDER. Hahahaha ... kleine Ziege ... bleibe doch stehen ... ich gehorche ja schon ...

Er zündet den Lampion wieder an.

LUNICA. Nein nein ... ich habe auch meine Religion ... und nicht wie ein Doktor ... die sind ja frech ... die glauben an gar nichts ... ich werfe mich durchaus nicht so jedem zum Fraße ... ich bin fromm und streng ... und halte auf mich ...

DR. MICHEL MANDER. Hahahaha ... sei fromm ... und sei streng ... das ist sehr löblich ...

LUNICA. Mir ist wahrhaftig gar nicht zum Lachen ...

DR. MICHEL MANDER. Du hütest wohl die mystische Rose ...

LUNICA. Jawohl ... wie das der Meister so herrlich benennt ...

DR. MICHEL MANDER Oooh ... ich denke auch immer an das allersüßeste, glühendste, unschuldigste Röselein ...

LUNICA. Ach ... denken Sie, was Sie wollen ... da kommt doch nichts Lohnendes weiter zustande in so einem Schädel ... der ewig nur Arme und Beine und den ekligen Blinddarm womöglich den Menschen aboperiert ... nein ... nahe haben Sie nicht zu kommen ... mir ist nicht zumute zum Tollheiten treiben ... am wenigsten heute ... Sie haben mich noch nicht weinen gesehen ... ich kann auch weinen ...

Sie schluchzt plötzlich los.

171

DR. MICHEL MANDER. Lunica ... Sakrament ... das Heulen ist mir im Tode zuwider ... das ist mir gelinde gesagt die ekelhafteste Funktion am menschlichen Leibe ...

Musik und Stimmenlärm kommen einen Augenblick näher. Dr. Mander legt Lunica den Arm um die Schulter. Beide verschwinden so in die Tiefe.

Vierte Szene

DER HALBWÜCHSIGE JUNGE *als Pan huscht wieder vorn auf den Rasenplatz. Er schlägt in die Hände. Die Schmetterlingskinderschar sammelt sich wieder um ihn. Er flüstert feierlich.* Es ist eine halbe Stunde vor Mitternacht ... tanzt ... so leicht wie der Nebel auf der Abendwiese ... so flüchtig wie ein Bild in einem jungfräulichen Traume ... die letzte halbe Stunde des Festes soll unser Blut jagen ... ehe der Meister sein ehernes Zeichen gibt, daß das Fest verstummt ...

Er spielt neu die Gitarrenweise auf der Flöte mit. Tanz. Wie neu Schritte kommen, huscht alles weiter.

Fünfte Szene

Der Plan ist plötzlich ganz leer geworden. Nur von ferne klingt beständig die Gitarrenweise. Mander, am Arm kühn die Astarte, ist in der Tiefe aufgetaucht. Astarte kühn lachend. Er schreitet mit ihr in den Weißbuchenplatz auf die Bank.

ASTARTE. Ich kenne dich, Mander ... ich liebe dich, Mander ... nur du und ich ... nur du und ich ... nur immer wir beide ...
MANDER. Hahahaha ...
ASTARTE. Bis wieder zum Chaos ... bis wieder zum Welttraum ... bis wieder zum letzten, dunklen Umarmen ... irgendwo ... im Himmel ... in Hölle ... im Schlamme der Welten ... wie Paul und Franziska ...
MANDER. Hahahaha ... nur du und ich ...
ASTARTE *lachend*. Der Vater nennt mich hysterisches Ding ...
MANDER. Du frägst nach nichts ...
ASTARTE. Ich weiß, das paßt dir ... *ich* bin ein potentatisches Mädchen ... ich bin *ein* Gefühl ... ich berge die Liebe ... nur du und ich ... o du süßester Wahn ... in Ewigkeit, Amen ...
MANDER. Astarte ... du höhnst ...
ASTARTE *lachend*. Ewig, ewig ... wo wohnt dein ewig ...
MANDER. Ewig, ewig ... im Blute schreit's: ewig ...
ASTARTE. Der Tod würgt den Jüngling ... und würgt den Greis ... niemand verschont er ...
MANDER. Ewig, ewig ... im Blute schreit's: ewig ...
ASTARTE *lachend*. Ewig, ewig ... ist ein Wort in den Wind ...

Sechste Szene

Der Tod, mit hohen, dunkelbunt schillernden Flügeln, die Sanduhr in der weißen Beinkralle, ein steinaltes Greisengesicht, gütig und breit, ist auf dem tieferen Gange erschienen. Still stehend und scharf blickend. Beim Äugen nur versunken die Flügel wie zum Fluge breit spreizend, gleichsam probierend.

MANDER *hat Astarte, ohne daß eins sich nach dem Tode umblickt, von sich gelassen. Hat sich erhoben. Starrt in die Ferne.* Ewig ... ewig ... im Blute schreit's: ewig ...

ASTARTE *hat sich ebenfalls erhoben, streichelt Mander über das Haar und geht einige Schritte in die Tiefe. Zärtlich zurückblickend sagt sie.* Vertreibe den Tod ...

Dann schreitet sie lachend dem Tode entgegen.
Mander blickt ihr eine Weile nach, wie sie dem Tode nach in die Tiefe verschwindet.

Siebente Szene

DIE JUNGEN TÄNZERINNEN *eilen von rechts auf den Rasenplan. Durcheinander flüsternd.* Meister ... Meister ... geliebter Meister ...

Mander hat sich sofort ermannt. Erjagt sich eine. Tanzt in wilden Runden zu der aus allen Enden jetzt herklingenden Gitarrenweise. Eine nach der andern die Tänzerinnen ergreifend und in wildem Schwunge wieder aus den Armen lassend. Mit der letzten Tänzerin im Arme flieht er, gefolgt von dem Schwarme, in die Tiefe und verschwindet.

Achte Szene

MATER SCHOLASTICA *kommt mit Lisiska, die festlich geschmückt ist. Sie widerwillig vorwärtsdrängend.* Ich bitte dich, Kind ... komme in Ruhe ... *Sie drängt sie in den eingehegten Platz.* ich flehe dich an, Lisiska ... wir müssen aus dem Wirbel fliehen ... schließe deine

Augen ... schließe nicht nur deine Augen ... schließe alle deine Sinne ... werde mit deiner Seele noch einmal ganz einsam ... laß noch einmal alles Mauer um dich sein ... laß Stille sein wie im Klosterhofe ... die Nacht in diesem Parke ist schwül ... solche Nächte sind verbrecherisch ... solche Nächte wollen in dich einbrechen wie ein Raubwolf, um deine kindliche Seele zu zerfleischen ... und zu verschlingen ...

LISISKA. Nein, Mater ... das ist nicht wahr ... es ist ja doch meines Vaters seliges Parkgehege ... es ist ja doch meines Vaters Schloß und Erde ... es glitzert und glänzt und jubelt alles in dieser Heimat ... auch Salomo sagte doch: »Komm, Geliebter, in meinen Garten ... und iß von den Früchten meiner Apfelbäume« ...

MATER SCHOLASTICA. Wie die Gitarren im Nachtwind zittern ... über See und Gesträuche fliegen die Töne ... es sind nicht Choräle ... es sind Wesen um uns, die du nicht kennst ...

LISISKA. Nein doch ... nein doch ... mein Vater wohnt hier ... Sie wollen mein Blut wider meinen Vater erregen ... nur weil er seine Freude in Glanz und Jubel einhüllt ... umtanzt und umklungen ...

MATER SCHOLASTICA. Es sind Wesen um uns, die du nicht kennst ... geheimnisvolle ... verschlingende ... auch ich kenne sie nicht ... die Gitarren schwirren wie wilde Hummeln ... und zerschneiden die Nachtluft ... Lisiska ... es schreit Wehe ... raffe dich auf zur Kraft ... bis in meine innerste, reine Mutterseele gellt es in den Lüften ... hörst du es nicht unselig rufen ... Mater Scholastica ... Wehe Wehe ... die Gewalten wollen auch mich jetzt bezwingen ... nein, Lisiska ... die Klosterstille war unser Trank ... die Klosterstille war unsere Speise ...

LISISKA. Nein doch, Mater ... Sie sollen mich nicht zermartern mit Ihrer Inbrunst ... Vater und Tochter sind von Gotte ein Leib und ein Leben ... mein Vater hat eine Macht wie ein reicher König ... auch Salomo lebte in Prunk und Seide ... auch Salomos Harfen fangen: »Tue auf, meine Taube ... meine Schwester ... meine Fromme ... denn mein Haupt ist voll Tau ... und meine Locken voll Nachttropfen« ... »o komme, Geliebter« ...

MATER SCHOLASTICA. Wer kennt die Mächte ... wer kann seinen Vater kennen ... was wissen wir denn ... Raubmächte können wie Cymbeln erklingen ... werfen unsere Unschuld wie Spreu in den Wind ... raffe ich auf, Lisiska ... auch ich zerschmelze unter dem schmelzenden Zittern dieser Saiten ... auch ich bin ein Weib ... aber du bist die mir vom Himmel vertraute Seele ... birg dich nur an mich ...

LISISKA. Nein ... nein ... Musik überschwemmt mich ... im Seewasser verlocken mich die tanzenden Sterne ... Prunk und Jauchzen klingt aus meines Vaters Garten in meine Stille ... ein Geheimnis der Sehnsucht ist laut ... meine Seele sehnt sich ... meine Seele zerfließt in Weibeshoffnung und Abenteuer ... Sie möchten mir noch einmal die Hand vor die Augen halten, daß ich nur die Samtschwärze Ihrer hohlen Hände noch sähe ... Glanz und Zauber werde ich sehen *durch* Ihre Samthände *hindurch*... o Mater ... auch Sie sind nur eine irdische Frau ... nicht die himmlische Herrin, die die Erde bewältigt ...

Mater Scholastika hat sie auf die Ecke der Bank niedergedrückt, indem sie ihr zuerst die Hände sanft auf die Augen gelegt hat. Aber bei dem letzten Wort ergreift sie das silberne Kreuz, das sie an langer Kette trägt, plötzlich und hält es ihr vor. So daß es Lisiska sogleich anstarrt. Und sich dann jäh mit der Hand selber die Augen zuhält. Den Kopf neigend und plötzlich in sich hineinkriechend.

MATER SCHOLASTICA *inbrünstig. Streng.* Siehe ... das Kreuz ... fühle ... *seine* Wunden ... horche ... die Stimmen der Feinde verhallen ... Lisiska ... jetzt hörst du *mich* endlich ... auch ich war eines reichen, mächtigen Mannes Lieblingstochter ... jung und unschuldig war ich ... so lose hineingeworfen in diese Welt ... und sehnte mich auch ... und schwelgte auch kindlich in den Köstlichkeiten des reichen Lebens ... da geschah es ... daß ich in einer holden, sternweiten Sommernacht einen blutig zerrissenen, toten Raben im Bachwasser unseres Parkes langsam heranschwimmen sah ... und daß ich dann plötzlich in Herzensangst aufsah und mich in die Tiefen des göttlichen Himmels nach Hilfe einbohrte ... und daß ein Engel mit weiten Flügeln herniederkam, der mir zuflüsterte ... »Groß ist der Himmel ... unermeßlich herrlich ist des höchsten Gottes himmlische Herrlichkeit ... die Erde ist nur ein Jammertal ... alles Irdische ist nur Flugsand ... wirf den Anker in Gotte ... diene auf Erden« ... damals habe ich das Schloß meiner Väter sogleich verlassen ... bin in die Fremde dieser irdischen Welt hinausgewandert ... tat Magddienste fortan ... und trage jetzt schon seit zwanzig Jahren und mehr freudig das harte Kreuz der Liebe auf meinen Schultern ... und straffe meine Arme im Dienste der Leiden ... von *der* Kraft trotzig, die den Himmel verteidigt ...

LISISKA *scheu*. Wie alt bist du, Mutter ... du siehst so jung aus ...

MATER SCHOLASTICA *gütig lächelnd*. Du nennst mich zum ersten Male: du Mutter ... du fühlst es plötzlich, daß ein Duft des Himmelsgefildes meinen Händen entströmt ... die das Kreuz fest umklammern ... daß dieser Duft deine gejagten ... Sinne plötzlich in tiefen Schlummer legt ... nur deine göttliche Seele wach läßt ... Lisiska ... sage noch einmal: du Mutter ...

LISISKA. Du ... Mutter ... o du geliebte, heilige Mutter ...

MATER SCHOLASTICA. Sprich mir nach ... *Noch feierlicher.* du hast die Kraft ...

LISISKA. Du hast die Kraft ...

MATER SCHOLASTIKA *vorsprechend*. Deine Stimme ist süßtönend von Gott ...

LISISKA *nachsprechend*. Deine Stimme ist süßtönend von Gott ...

MATER SCHOLASTICA *vorsprechend*. Deine Hände süßduftend vom Holze des Kreuzes ... daran der Herr schmachtete ...

LISISKA *nachsprechend*. Deine Hände süßduftend vom Holze des Kreuzes, daran der Herr schmachtete ...

MATER SCHOLASTICA. Der ewig der Herr bleibt über alle glitzernden Gaukelspiele des nichtigen Lebens ... thronend im Himmel ...

LISISKA *verzückt*. Ja ... ja ... ich rieche Liliengerüche ... die Erde verschwindet ... eine Glorie sehe ich an dem Nachthimmel ragen ... den Ersehnten sehe ich an dem Nachthimmel ragen am Kreuze ... o komme, Geliebter, in meines Vaters Garten ... und iß von den süßen Früchten meiner Apfelbäume ... Mutter ... ich bin in der Schwebe ...

MATER SCHOLASTICA *plötzlich auffahrend, horcht nach der Seite. Hastig.* Es kommt wer ... Lisiska ... Lisiska ... die Erde weckt uns aus unsern Träumen ... Lisiska ... erwache ... erwache ... es kommt wer ...

Beide fliehen plötzlich nach links fort.

123

Neunte Szene

DER HALBWÜCHSIGE JUNGE *als Pan wieder von der Kinderschar gefolgt: sie huschen von allen Seiten auf den Rasenplatz. Er macht ein Zeichen. Flüstert feierlich.* Es ist eine Viertelstunde vor Mitternacht ... tanzt so leicht wie der Nebel auf der Abendwiese ... so flüchtig wie ein Bild in einem jungfräulichen Traume ... die letzte Viertelstunde siedet unser Blut ... ehe der Meister sein ehernes Zeichen gibt ...

Er spielt wieder die Gitarrenweise auf der Flöte mit. Tanz.

Zehnte Szene

OTTILIE KOPRIVA *kommt starren Blickes von rechts aus der Tiefe suchend. Sie geht auf den Weißbuchenplatz und setzt sich, offenbar ermattet. Der Schmetterlingstanz geht noch eine Weile auf dem Plane. Dann ruft Fräulein Kopriva sehnsüchtig.* Mander ... *Pan und Kinder fliehen davon.* Lionel Mander ...

Mander steht plötzlich, fast gespensterhaft, neben ihr.

FRÄULEIN KOPRIVA. Huuuh ... Mander ...
MANDER. Erhole dich erst ... die tiefe Nacht ist wunderbar schön ... so eine Nacht verzaubert die Hügel zu Bergen ... die Fischerhütte über dem See glänzt wie ein magisches Schloß ... was sind magische Schlösser ...
FRÄULEIN KOPRIVA. Oh ... ich weiß nicht ... soll ich dich lieben ... oder überfällt mich der Graus ... und die Scham ...
MANDER *inbrünstig.* Ottilie ... ich treibe im Wirbel so hin ... reiche dem Ertrinkenden beide Hände ... *Er fällt ihr zu Füßen.* ich liege büßend auf den steinernen Stufen vor deinem Altare ... ich weine aus der innersten Seele ... Reuetränen ...

Er verbirgt den Kopf in ihrem Schoße.

FRÄULEIN KOPRIVA *irr lachend.* Hahahaha ... dein Kopf ist wie ein schwerer Kürbis so groß ... hahahaha ... ich habe jetzt meinen Gesang ganz vergessen ... ich habe jetzt mich selber vergessen ... o du süßer Spieler ... du spielst ja, als wärst du der gute Odysseus, der endlich seine Penelope wiederfindet ...

Mander erhebt den Kopf und starrt sie an.

FRÄULEIN KOPRIVA *erhebt sich hastig. Wirft zerdrückte Rosen aus ihrer Hand weg.* Gott Gott Gott ... ich komme nicht zu mir ... ich habe bei diesem Nachtfest schon all meine mystischen Rosen in meinen Händen zerdrückt ...

MANDER *erhebt sich hastig.* Komme, mein Weib ...

Fräulein Kopriva, während sie ineinandergefaßt in die Tiefe verschwinden.

Elfte Szene

Baron Attendorn, mit Lisiska im Arm, gehen von links lachend vorüber, den Vorigen nach.

Zwölfte Szene

Windfellner von rechts. Gleich dahinter Tiefsee. Dahinter der Herr Juwelier. Der Juwelier ist ein junger, sehr vornehmer, bleich-geistiger Mann von etwa vierunddreißig Jahren. Hat schöne, verhärmte Gesichtszüge. In Gestalt untersetzt. Große Ringe am Finger. Grauer, hoher Seidenhut mit Trauerbinde, den er in der Hand hält. Dandyhaft. Handschuh. Krückstock mit goldener Krücke. Hat einen Klumpfuß.

WINDFELLNER. Ein Nachtfest bei Lionel Mander ... *Er wischt sich wieder den Schweiß.* und soll gleichsam ein höheres Vereinigungsfest mit dem dauernden, weiblichen Idole sein ... ja ... sagen Sie einmal, verehrter Herr Juwelier ... Sie sind ja doch in allen Lagen des Lebens immer nur der ruhige, kalte Betrachter ... ein Kasteier gewissermaßen, weil Sie Ihren Riesenreichtum schon von Jugend auf besessen haben ... Sie staunen doch nur immer kühl bis ans Herz in einen solchen tollen Reigen hinein ...

DER HERR JUWELIER. Jawohl ... sehr richtig ... übrigens bin ich im Grunde gar nicht Juwelier ... ich verschaffe höchstens einmal mit meinem persönlichen Geschmacke, den Herr Mander immer sehr schätzte, diesem Meister ein paar besonders kostbare Stücke von Juwelen ... das machte mir immer Spaß ... das ehrte mich ... aber den Titel Juwelier halte ich eigentlich nur noch bei ... vielleicht meinen Erblassern noch zu Ehren ... denn ich selber habe alles ja nur geerbt ... Gott ... sehn sie mich nur genauer an ... was erbt man nicht alles ... auch so einen Klumpfuß ... und wenn mein berühmter Laden wirklich noch offensteht ... ich selber komme nur noch in Betracht, wenn es sich gleich um ganz große Vermögensarrangements handelt ... das andere besorgt ja doch mein Büro ...

TIEFSEE. Hahahaha ... großartig ... großartig muß das sein ... wissen Sie ... um diese allerkostbarsten Ringe an Ihren Fingern beneide ich Sie ...

DER HERR JUWELIER. Ja ja ... das sind ziemlich kostspielige Dinger ... auch hier das Armband mit den Rubinen ... aber wenn Sie etwa was Besonderes davon halten ... ich habe nicht die geringste Illusion dabei ... ich kann doch für ein Perlenhalsband unmöglich zärtlich fühlen wie die jungen, fröhlichen Mädchen, die ihre Lebensfreuden im Tanze erhaschen ... und mit Steinzeug und Golde klingeln ... nein ... z.B ... wie ich am Sterbebette meines Vaters stand ... und sah seine Augen endlich brechen ... und konnte nichts tun ... da fuhr es mir sogar plötzlich wie ein Hohn ins Blut ... warum trägt man eigentlich solche Dinger ... tja ... kaltes Steinzeug und Gold ... es befriedigt offenbar das menschliche Rechenbedürfnis, bis auf solche Sicherheiten zurückzurechnen ... weil die nicht vergehen ... deshalb macht es dem Menschen wohl ein Vergnügen ... wie auch die Kinder gern mit Münzen und Steinen spielen ... je mehr durch die Finger rinnen, desto besser ... *Sie bleiben alle drei stehen und staunen in die Tiefe.* offenbar ziehen jetzt all diese Böte zu der berühmten Rotunde auf das andere Seeufer hinüber ...

TIEFSEE *lachend*. Hahahaha ... nun natürlich ... jetzt ist doch beinah Mitternacht ... jetzt kommt doch sicher der Schlußeffekt in der Liebesrotunde ... hahahaha ... so steigt doch der Mensch ... Stufe um Stufe ... vom Tod zur Geburt ... von der Geburt zum Schrei ... vom Schrei zum Gold ... vom Gold zum Tand ... vom Tand zur Liebe ... von der Liebe zum Tod ... *Indem alle drei in die Tiefe gehen.* die alte berühmte Luftschaukelfahrt ... wenn man mit seinem Kahn grade zu oberst ist, denkt man sich einen Augenblick in den Himmel zu fliegen ... hahahaha ... vom Tod zur Geburt ... *Die*

Worte verhallen allmählich. von der Geburt zum Schrei … vom Schrei zum Gold … vom Gold zum Tand …

Alle drei ab.

Dreizehnte Szene

Der Plan ist wieder ganz leer geworden. Die Musik und das Getümmel über dem See schwellen an.

MATER SCHOLASTICA *eilt einsam von links den See in die Tiefe und ruft über den See hinaus.* Lisiska … Lisiska … komme heim, Lisiska …

Vierzehnte Szene

Lacerta eilt desselben Weges hastig an der Mater vorüber.

MATER SCHOLASTICA. Liebes Mädchen … haben Sie nicht meinen Klosterzögling gesehen …
LACERTA. Kommen Sie … kommen Sie … in die Purpurrotunde … in diesem Tempel entfaltet der Meister den höchsten Glanz … da wird er sich vor seiner Verlobten die Brust wie ein kranker Adler zerreißen … und die letzten, gewagtesten Schwüre stammeln …

Sie läuft, was sie kann, in die Tiefe.

MATER SCHOLASTICA *verliert sich rufend ihr nach.* Lisiska … Lisiska … komme heim, Lisiska …

Beide ab.

Fünfzehnte Szene

Von links tiefer, nachdem alles tief ruhig geworden ist, nur in der Ferne das Getümmel und die Lichter, eilt ein einfacher Gärtner über den Plan, nach rechts vorn. Gleich danach eilt er nach links zurück mit einer Schar Diener mit einer Bahre.

Sechzehnte Szene

TIEFSEE *kommt aus der Tiefe zögernd an. Zurücksprechend und als wenn er im Zorn etwas zerrisse.* Rietz ... raatz ... rietz ... raatz ... rietz ... raatz ... fort ... fort ... 'raus ... nur 'raus ... aus der magischen Liebesrotunde ... man kriegt Erbrechen ... da müssen ja Ratten und Hamster und Wanzen Tränen vergießen ... ich habe nur noch *ein* gemästetes Menschenherz, das leicht zerbricht ... hahahahahaha ... dieser Lionel Mander ... hahahaha ... dieser Fürst aller Füchse ... wird sich jetzt mit dem reinsten Blau vom Himmel herunter vermählen ... dieser schillernde Lebensschwindel endigt schließlich im sentimentalsten Moll ... das wird noch süßer als die süße Geschichte von Philemon und Baucis ... die der gnädige Gott am Ende als zwei Baumstämme nebeneinander auf die Erde hinpflanzte zu ewig dauernder, ehelicher Gemeinschaft ... das wird ja die reinste Notzucht unter Engeln ...

Siebzehnte Szene

In diesem Augenblick trägt man von links die Leiche von Astarte über den Plan.

EINER DER DIENER. In aller Stille ... nur rasch ins Schloß ...
TIEFSEE *geht der Bahre immer lauernder entgegen. Immer großäugiger.* Stehen bleiben ... stehen bleiben ... *Die Diener stellen die Bahre hin.* was sehe ich jetzt ... was sehe ich jetzt ... mein einziges Kind ... meine Astarte ... sehe ich jetzt auf der Bahre liegen ... und sie spricht nicht mehr mit mir ... Astarte ... warum hast du mich verlassen ... warum hast du so grausam an mir gehandelt ... warum gingst du von dannen ... dieser niedere Sklave beleidigte dich ... und du ertrugst es ... und gingst stumm von dannen ... und läßt mich ... einen alten, verwahrlosten Vater ohne Trost zurück ... warum hast du also an mir gehandelt ... o meine süße Astarte ... ich habe an dir nur Böses getan ... ich verwahrloster Vater ... und dieser niedere Sklave der Lebenslüste spielt weiter ... und ahnt nichts ... *Er erhebt sich feierlich und würdig. Ermannt sich vom Weinen.*

Wischt sich die Augen und sagt befehlerisch. ja ... das ist meine harte Tochter Astarte ... macht der Toten Platz ...

Man trägt die Bahre nach rechts vorn. Ab. Alles wird wieder totenstill.

Achtzehnte Szene

Ein reiches, musikalisches und erleuchtetes Ereignis nähert sich über den See.

MATER SCHOLASTICA *irrt aus der Tiefe am Seeufer rufend.* Lisiska ... Lisiska ... komme heim, Lisiska ...

Neunzehnte Szene

Ein dunkler Kahn legt am Seeufer an. Fräulein Kopriva steigt hastig aus dem Kahne. Sie sieht wie verfolgt und todbleich aus.

MATER SCHOLASTICA *ruft über den See hinaus.* Komme heim, Lisiska ...
FRÄULEIN KOPRIVA *eilig und unheimlich. Wie auf der Flucht.* Gehen Sie rasch ins Kloster zurück ... machen Sie Ihre Türen aus ganz hartem Jaspisstein wie am Mondschloß ... die Mauern aus steinernen Dornen ... die Gitter aus steinernen Dornen ... ich habe dem Blendwerke dieses Lebens ins Basiliskenauge gesehen ...

Sie eilt nach links fort.

MATER SCHOLASTICA *plötzlich kläglich rufend.* Lisiska ... komme ins Kloster ...

Zwanzigste Szene

Eine magisch erleuchtete Gondel legt am Seeufer an.
Vermummte drängen sich aus dunklen Gondeln. Allerlei Marken und Leute in Gesellschaftskleidern. Gelächter und Girren. Purpurteufel laufen der Mater nach, als wenn sie sie lustig verjagten. Man breitet einen Teppich. Süße Musik und Geschrei.

Die Musik schweigt jäh. Alles erstarrt zu Totenruhe. Aus der Gondel erscheint mit einer roten Rose im Knopfloch, das Monokel ins Auge geklemmt.

MANDER *er blickt sich wie ein König um. Und erhebt den Finger. Von fern eine Turmuhr beginnt zu schlagen. Er zählt die zwölf Glockenschläge, als wenn er taktierte. Dann beugt er sich in die Gondel zurück.* Komme. Lisiska ... *Lisiska schreitet aus der Gondel.* gehe vorsichtig ... Schritt um Schritt ... versieh dich nicht an den samtenen Stufen ... *Dahinter erscheint Attendorn aus der Gondel. Mander reicht Lisiska den Arm.* Attendorn ... gehen Sie hinterdrein ...

Der Jubel der Instrumente will noch einmal losbrechen.

MANDER *mit strenger Gebärde.* Aus ... keinen Ton mehr ... und auch kein Licht mehr ... jetzt ist nüchterne Mitternacht ... Ottilie Kopriva ... und wer weiß wer ... haben sich schon zur Ruhe begeben ... der Tod ist uns nahe ... ich bin bewegt ... Ahnungen fangen an, mich zu plagen ... die Schatten sind kalt ... gute Nacht, ihr Jublerinnen ...

DIE MÄDCHEN *durcheinander.* Gute Nacht, Lionel Mander ...
MANDER *ganz feierlich.* Gute Nacht, ihr Berauschten ...
ALLE HERREN. Gute Nacht, Herr Lionel Mander ...
MANDER. Hahahaha ... meine Damen und Herren ... soll ich Ihnen noch ein Geheimnis sagen ... auch Lionel Mander wird einst ein Gerippe sein ... komme, Lisiska ... Attendorn ... bleiben Sie hinterdrein ... sie ist meine Tochter ... noch hüte ich sie ... hahahaha ... auch Lisiska wird einst ein Gerippe sein ...

Während die ganze Gesellschaft unheimlich geräuschlos nachstarrt, geht Mander mit Lisiska wie mit einer Braut aus der Tiefe über die dunkle Nachtwiese, gefolgt von Attendorn.

Einundzwanzigste Szene

Sogleich springen die zwölf.

TÄNZERINNEN *aus allen Büschen hervor. Zuerst kichernd. Dann im geschlungenen Reigen flüsternd.*
    Ja ... Mander wird einst ein Gerippe sein ...

Huh ... Gerippe sein ...
Ein ekles Gerippe aus Totenbein ...
Wir werden ihn in die Grube heben ...
Doch wir sind jung ...
Aus Blut, nicht aus Stein ...
Wir tanzen Gesang und gaukeln fein ...
Und leben ... und leben ...

Ja ... Lisiska wird einst ein Gerippe sein ...
Huh ... Gerippe sein ...
Ein ekles Gerippe aus Totenbein ...
Wir werden sie in die Grube heben ...
Heute trägt sie die *Rosa mystica* ...
Die Jugend ist da ... die Jugend ist da ...
Wir leben ... wir leben ...

Der Vorhang fällt.

Fünfter Akt

Arbeitszimmer des Herrn Mander. Sehr pretiös eingerichtet. Eine Goldharfe in der Ecke. Gitarren. Ein paar Riesenlorbeerkränze, frische und vergilbte. Auf einem Bord hoch brennt ein siebenarmiger Leuchter. Kerzen. Liegesofas. Felle. Eine spanische, dunkle Atlaswand. Schreibtisch. Eine sehr breite Schiebetür in der Mitte steht weit offen. Die Atlasvorhänge sind zurückgeschoben. Man blickt in Nacht und Park. Sternhell draußen. Tiefe Stille. Nach einer Weile hebt eine große Uhr ein Glockenspiel an, schlägt von Tönen umwoben vier lange, helle Schläge. Dann einen ganz tiefen, summenden Ton. Die Instrumente scheinen einen Augenblick mitzuklingen, wie das Rückerinnern an die Gitarrenweise des verklungenen Nachtfestes.

Erste Szene

HENRY *in einem Lehnsessel schlafend, fährt auf.* Sehr wohl ... sehr wohl ... ja ... was ist denn ... was ist denn ... *Er macht Mund und Augen auf.* aaah ... *Sich noch nicht ermannend.* scheußlich ... scheußlich ... springt dieses verrückte Frauenzimmer aus dem Schloßfenster ... ein Traum ... *Er starrt vor sich hin.* zerspringt ... puuuh ... zerspringt in drei blutende, einander haschende Fleischstücke plötzlich ... daß der Straßenpöbel gleich wie irrsinnig die Flucht ergreift ... auseinander rennt ... hahahaha ... eins ... das Feuerwerk ... der Liebestaumel ... ist erst eine halbe Stunde verklungen ... hahahaha ... und kommt da der pfiffige Kerl mit dem spitzbübischen Zuckerhut auf dem Bocke angetrollt ... spannt seinen dreibeinigen Schinder aus den Sielen ... stülpt die Droschke umgekehrt über den Schrei ... aaah ... der Schrei ... furchtbar ... dieser Schrei ... im Traume ist der Mensch vollends ausgeliefert ...

Zweite Szene

JOSÉ *kommt von links verschlafen herangeschlichen.* Was ist denn ... was hast du ... du siehst entsetzt aus ...

HENRY. Die Ohren gellen mir förmlich noch von dem Schrei ...

JOSÉ. Ja ... der Schrei des Herrn ist wieder geschrieen ...

HENRY *verschlafen.* Betrifft das Herrn Lionel Mander ...

JOSÉ. Ja ... das betrifft Herrn Lionel Mander ... Fräulein Astarte ist tot ...

HENRY. Natürlich ... ja ... und die berühmte Verlobte ... dieses Fräulein Kopriva ...

JOSÉ. Habe ich mit eigenen Augen sehen wie gehetzt aus dem Schlosse fliehen ...

HENRY. So ... ist das sicher ...

JOSÉ. Herr Lionel Mander irrte zuerst in den Gemächern und auf den Korridoren des Schlosses herum ... nachtwandelte richtig ... wie jemand, der die Toten sucht ... und jetzt steht er mitten in seinem Schlafzimmer wie sein eigenes Monument in Stein hingepflanzt ... rührt kein Glied mehr ... wie jemand, der die Toten nicht mehr findet ...

HENRY *dumpf.* Huuh ...

JOSÉ *hat sich in einen Lehnstuhl gesetzt.* Ich werde mich auch hier eine Weile setzen ... und versuchen, die Augen zuzutun.

Er hat sofort die Augen geschlossen.
Henry ist ebenfalls wieder eingeschlafen. Es herrscht tiefe Stille.

Dritte Szene

DER HERR JUWELIER *genau wie man ihn vorher beim Fest gesehen hat, steht plötzlich in der offenen Tür aus dem Parke und späht bedächtig herein.* Es sind nur die Diener ... die harren seiner ... ich dachte, Herr Mander wäre es selber ... weil ich vom Parke aus dieses Licht sah ... denn er weiß ja doch, daß ich warte ... und Sonderling wie er ist, hat er ja doch diese Diener zur Wache vorangeschickt ... er selber kommt sicher ... nach alle dem, was heute passiert ist, wird ihm die stillste Stunde gerade recht sein ...

JOSÉ *im Schlafe redend. Ganz weinerlich.* Jaaa ... Herr Mander ... steht jetzt ... wie sein eigenes Monument ... in Stein hingepflanzt ... wie jemand, der die Toten nicht mehr findet ...

DER HERR JUWELIER *horcht und lächelt.* Nach einem solchen Nachtfest schläft jeder wie tot ... nur vielleicht Herr Mander mag jetzt noch wie sein eigenes Monument in Stein hingepflanzt stehen ... wie jemand, der die Toten nicht mehr findet ... aber er kommt heute noch, meinen Zahlen ins Auge zu leuchten ... *Er kommt zögernd und nach allen Seiten betrachtsam Schritt um Schritt herein bis an den Schreibtisch, wo er ein Schriftstück niederlegt.* man staunt beständig über all diese Kostbarkeiten ... der Briefbeschwerer muß natürlich aus Diamanten sein ... sein Petschaft muß mit Rubinen besetzt sein ... die Jagd geht beständig nach den letzten Luftgespinsten ... daran glaubt er nun einmal ... ja ... gewiß ... ich habe immer ein rückgewandtes Gesicht ... ich glaube an die Gerechtigkeit ...

Er stapft wieder am Stocke zur Tiefentür in den Park hinaus.

Vierte Szene

HENRY *fährt aus dem Schlafe auf.* Es war jemand hier ...

JOSÉ *nimmt das Taschentuch und wischt sich Tränen.* Ich habe im Schlafe richtig geheult ...

Er schnäubt sich die Nase.

HENRY *erhebt sich und geht spähend an die offene Tür.* Ja ja ... der Herr Juwelier stapft noch draußen im Parke herum ... und besieht sich alles ... besieht auch den Mond ... und besieht die Sterne ...

Das Glockenspiel schlägt von Tönen umwoben zuerst zwei lange helle Schläge, dann zwei ganz tiefe, summende Töne.

Fünfte Szene

Eins nach dem andern erscheinen die Gesichter der Tänzerinnen in der Tür. Hastig flüsternd. Noch im Festkostüm und Mantel.

SCHWÄNCHEN. Ist der Meister noch wach …
LUNICA. Wir beben heimlich …
LACERTA. Wir ängstigen uns …
ELFI. Eiskalt ist alles …
MÜCKE. Draußen im Parke gehen beständig Schritte …
HELIE. Der Herr Juwelier stapft noch draußen im Parke herum … und besieht sich alles …
LUCINDE. Er hat sich sogar jetzt in der Nacht Stall und Garage besehen …
LIDDI. Und hat sich in der Orangerie eine frische Frucht vom Baume gebrochen …
MUSE. Und hat im Halblicht auch geliebäugelt mit seinen köstlichen Ringen …

In diesem Augenblick gibt.

JOSÉ *der noch im Stuhl sitzt, ein Zeichen.* Ruhe … ich höre Schritte … der Meister …

Die Mädchen huschen fort. Beide Diener nehmen an der linken Tür sogleich wie zwei Pagoden Stellung.

Sechste Szene

Mander tritt noch im Festkostüm, in sich gesunken, das Monokel ins Auge geklemmt, Schritt um Schritt von links herein. José springt zum Lichtdrücker.

MANDER *sehr dumpf und gedehnt alles.* Nein … nicht *mehr* Licht … die sieben Lichter am heiligen Leuchter genügen … ich will mit Herrn Juwelier Rechnung halten …
JOSÉ *ruft hinaus.* Bitte gehorsamst, Herr Juwelier …

Siebente Szene

Beide Diener stehen jetzt rechts und links der Tiefentür. Der Herr Juwelier tritt sofort ein. Mander noch an der Tür stehend, starrt ihn scharf mit Monokel an.

DER HERR JUWELIER *gütig und verbindlich lächelnd.* Sie haben gerufen ... ich bin allezeit da ... Herr Lionel Mander ...

MANDER *kalt.* Das fühlte ich wohl, als trüge ich heimlich einen Klumpfuß ...

DER HERR JUWELIER *freundlich lachend.* Höhnen Sie immer ... wenn wir nur endlich einmal zur Klarheit und Wahrheit kommen, Herr Lionel Mander ...

MANDER *geht an seinen Schreibtisch heran. Setzt sich auf den Arbeitsstuhl. Starrt den Herrn Juwelier immer wieder an. Dann erblickt er das Papier, das auf seinem Schreibtisch ausgebreitet liegt.* Aha ... hier ist es ... *Er vertieft sich hinein.* gedulden Sie sich ...

DER HERR JUWELIER. Prüfen Sie nur die Abrechnung durch ... Sie verschwenden Vermögen ...

Die Instrumente scheinen einen Augenblick aufzuwachen wie ein Rückerinnern an die Gitarrenweise des verklungenen Nachtfestes.

MANDER *beim Lesen.* Mir fliegen noch immer die unerhörten Festmelodien in meiner Seele herum ... aber das Fest ist jetzt aus ...

DER HERR JUWELIER. Gott ja ... verehrter Herr Mander ... Sie hören unerhörte Melodien immer ... ich höre meiner Natur nach das harte Geklapper hinter all diesen schönen Dingen ... die ehernen Hämmer und Walzen, die diese schönen Gaukelspiele sozusagen erzwingen ... solange es eben nicht den ewigen Stillstand gibt ...

MANDER *emphatisch. Aufblickend.* Stillstand ... Herr ... Sie sprechen ein Zauberwort ...

DER HERR JUWELIER. Ein Zauberwort ... ja ... Park ... und Schloß ... und Meierhof ... und das lebende und tote Inventar ... kenne ich ja doch Heller für Pfennig ... habe auch diese Nacht wieder nur staunen können, wie geradezu fürstlich alles ist ...

MANDER. Sie haben also soeben noch einmal alles genau besichtigt ... sehr gut ...

DER HERR JUWELIER. Wir sind ja doch in dieser Minute endlich einmal so weit, zur rechnenden Ordnung durchzudringen ...
MANDER. Bitte, lieber Herr Juwelier ... setzen Sie sich ...
DER HERR JUWELIER. Jetzt, wo ich Sie endlich einmal von allen Hirngespinsten enttäuscht vor mir sehe ...
MANDER. Stillstand ... Herr ... Sie sprechen ein Zauberwort ... entfesselt aus allen Ketten ... jaaa ... *Mit wehmütiger Stimme plötzlich.* ich habe Sie wieder vertrösten müssen ... die Seele ist ein ewig getriebener Frohner ... wissen Sie ... ein Artist wie ich ... ich habe immer lockende Wahnbilder vor mir ... ich vertröste immer ... ich will Ihnen dieses Geheimnis ganz offen sagen ... heute, wo ich den Toten nachlaufe ... der treibende Sturm rast im Menschenblut ... man kann ihn nicht abstellen wie einen Pendel ... hahahaha ... ja ... was fordern Sie jetzt ... Klarheit und Wahrheit fordern Sie jetzt ...
DER HERR JUWELIER. Klarheit und Wahrheit ... lieber Herr Mander ... ich sehe, Sie sind jetzt wirklich entschlossen, als ehrlicher Mann abzugehen ... das Leben als Fürst endlich aufzustecken ... da Sie sich, wie ich die Sache betrachte, von Anbeginn an über die Fürstlichkeit der Verhältnisse immer blutig getäuscht haben ... denn Ihr Leben ist ja doch eigentlich nur ein beständiger Tanz auf dem goldenen Seile ...
MANDER. Jaaa ... aber Chancen gibt es viele ... das müssen Sie mir zugute halten ... und außerdem wußten Sie ja doch ganz genau, daß Sie allein die Schlußrechnung machen würden ...
DER HERR JUWELIER. Diese Frage an sich berührt mich gar nicht ... das macht mir weder heiß noch kalt ...
MANDER *sehr bedächtig.* Ganz natürlich ... das nehmen Sie ruhig so hin als den Lauf der Dinge ...
DER HERR JUWELIER. Das Papier besagt alles ... die nackte Notwendigkeit ist jetzt da ... *Ihr* Schloß ist *mein* Schloß ... *Ihr* Besitz ist jetzt *mein*...
MANDER *zögernd.* Und Sie meinen weiter ...
DER HERR JUWELIER. Das ist nicht *meinen*... das ist wirklich ... obwohl das furchtbarste Wort in meinem Blute noch immer herumirrt ... und den Ausgang nicht findet ... denn ich weiß ja durchaus noch nicht, wieweit Sie selber entschlossen sind, die Sache ohne Skandal zu Ende zu bringen ...

MANDER. Ohne Skandal ... jaaa ... ohne Skandal ... obwohl ich doch weiß, daß sich schließlich die rechnenden Mächte auch auf jeden Skandal oder seelenzerreißendes Lamento und dergleichen hitzige Lebenserscheinungen pfeifen würden ... wie ich »diese ewigen, ehernen, großen Gesetze« kenne ...
DER HERR JUWELIER. Ja ... vielleicht ist es so in dieser göttlichen Welt ...
MANDER. Sagen Sie das entscheidende Wort ...
DER HERR JUWELIER. Der Rock am Leibe gehört nicht mehr Ihnen ...
MANDER. Es gehört *nichts* mehr mir ... ich weiß es ... ich weiß es ... ich selber gehöre nicht mehr mir ... verlangen Sie noch mehr Klarheit und Wahrheit ...
DER HERR JUWELIER. Das sage nicht ich ... das ist die Gerechtigkeit, die hat gesprochen ... barmherziger kann auch ich nicht sein ... *Sie sind ein Bettler...*
MANDER *ist aufgestanden und geht sinnend hin und her.* Ich bin ein Bettler ...
DER HERR JUWELIER. Ich habe das Leben nicht gemacht ... ich kann mir wohl denken, daß ein Herr wie Sie eine solche Lebenslage durchaus nicht verträgt ... daß Sie vielleicht an letzte Auswege denken ... daß Sie jetzt womöglich daran denken, was nach solchem Gaukelspiele von Leben einem Manne von Größe noch zu tun bleibt ... *Sie sind ein Bettler...*
MANDER *spricht plötzlich wie zu sich selber. Halblaut.* Würde, Lionel Mander ... in diesem *einen* Augenblick ... Würde ... *Er ermannt sich plötzlich.* also ... *Er setzt sich wieder an den Schreibtisch und unterschreibt.* hier ... meine Unterschrift ... die Eintragung Ihres Namens auf meine lebenden und toten Dinge habe ich soeben bezeugt und unterschrieben ... da ist das bindende Dokument ... *Er erhebt sich, geht wieder meditierend hin und her. Plötzlich sieht er eine rote Rose am Boden liegen.* da ... eine Rose ... oh ... die Rose ... wie sie mich so unsäglich anzieht ... jaaa ... die mystische Rose ... haben Sie je über dieses Mysterium nachgedacht ...
DER HERR JUWELIER *starrt Mander lächelnd an. Nickt dann beständig mit dem Kopfe. Greift behutsam aus seiner Tasche ein Etui hervor. Lacht.* Oh ja ... ich trage auch die geheimnisvolle Rose immer bei mir ... von Rosenrubinen eingefaßt ...

Er hält ihm das Etui hin.

MANDER *steckt sich die gefundene Rose an.* Hahahaha ... das ist wirklich zum Lachen ... also auch Sie ... auf Wiedersehen ... *Er versinkt wieder in theatralische Meditation.* ein Leben, was mir nur Gaukelspiele brachte, bin ich schon längst aus tiefstem Grunde überdrüssig ... *Er schreitet mit gesenktem Kopfe zur linken Tür. An der Tür dreht er sich um.* darum flüchte ich mich ...

Er starrt den Juwelier jäh an, nimmt Hoheit an, geht links ab. Von beiden Dienern gefolgt.

Achte Szene

DER HERR JUWELIER *kindlich lachend. Im Nachblick.* Tut mir leid ... ich konnte nicht barmherziger sein, als ich war ... hier spricht das Gericht ... durchaus gar nicht ich mit meiner Ordnung ... und meiner Rechnung ... Mander höhnt natürlich ein rechnendes Hirn wie das meine ... er lacht, wenn ich mir rein nur aus Pietät für mein Erbe mein rechnendes Hirn um Heller und Pfennig zermartere hier auf Erden ... ja ... mein Vater hat mich auf seinem Sterbebette beschworen: du brauchst nichts erarbeiten ... nur erhalte das Erbe ... das ist *meine* Pflicht ... wollte ich diese Pflicht versäumen, würde man mich mit Recht verachten ...

Neunte Szene

Die Tänzerinnen eilen sofort erschreckt herein, als wenn sie gehorcht hätten.

LUNICA. Oh ... oh ... oh ...
SCHWÄNCHEN. Herr Juwelier ... was haben Sie getan ...
LACERTA. Herr Juwelier ...
HELIE. Wir frieren zu Eis ...
ELFI. Sie haben Lionel Mander zum Bettler gemacht ...
MÜCKE. Sie haben ihn in den Tod getrieben ...
ANJELKA. Sie grausames Blut ...
MUSE. Sie haben Lionel Mander jetzt in den Tod getrieben ...

Zehnte Szene

JOSÉ *öffnet behutsam die linke Tür und guckt leise herein. Ganz benommen und demütig und zärtlich.* Ja ja ja ja ja ja … nee nee nee nee nee nee … was denn … was war denn … was soll denn dieses Jammergeheul … ich muß bitten … tiefste Stille … tiefste Stille …
DER HERR JUWELIER. Ist er tot …
DIE TÄNZERINNEN *durcheinander. Verweint.* Ist es denn Wahrheit … ist es denn Wahrheit …
ANDERE. Was ist denn um Gottes willen jetzt mit dem Meister …
JOSÉ *zärtlich flüsternd.* Tiefste Stille … nur tiefste Stille … tot … wie … der Meister wäre jetzt tot … Gott bewahre …
DER HERR JUWELIER. Er ist nicht tot …
JOSÉ. Ih … nein … woher nur … dachten Sie, weil Lionel Mander jetzt Bettler ist … Sie dachten wohl gar … ja ja ja ja … er hätte sich etwa selber den Ausgang aus diesem Leben erzwungen … nein … Gott … mir springt auch ein Eisenband von der Brust … tot … wo wird er tot sein … Sie wissen offenbar nicht, wie viele Male Herr Mander in diesem Leben schon Bettler war … *Zärtlich gutmütig.* wenn jemand wie er alle Sehnsüchte … alle Schmerzen und Leiden und Lasten … und immer wieder den Griff des Todes in allem Glanze und Glücke heimlich verspürt hat … und kann obenein die kleinlichen, beißenden Sorgen um den ganzen Prunkballast drum herum alle von seinen Schultern werfen … nämlich … das ist ein Geheimnis … Herr Mander schläft heute als Bettler endlich wieder einmal mit langen, tiefen, seligen Atemzügen … wie ein Kind in der Wiegen … *Sanft und leise lachend.* ich sage Ihnen … geradezu schön sieht Herr Mander aus, wie er heut schläft … heute gaukelt er sich wirklich die reinste Erlösung vor …
DIE TÄNZERINNEN *durcheinander flüsternd.* Hahahaha … geradezu schön sieht er aus, wie der Meister heut schläft … hahahaha … heute gaukelt er sich wirklich die reinste Erlösung vor …

Mit diesen Worten jubeln sie flüsternd hinaus in den Park.

Der Vorhang fällt.

Musik

Spiel in vier Akten

Erster Akt

Personen

Der Domorganist

Die Mutter

Georginel, die Braut

In der Werkstatt des Domorganisten.

Vorspiel

Wenn der Vorhang aufgeht, hört man wie ferne Sturmstimmen heulen und brausen. In Wolken ragend hebt sich eine goldene Riesenorgel, etwas zur Linken, von Sonne beleuchtet, aus dem Dunkel heraus.
Der Domorganist davor sitzend. Ein mächtiger Musikerkopf. Starr und vertieft in sich. Auf den Notenhalter gebeugt. Die Hände ganz ruhig auf den Tasten. In sich horchend.
Unterdessen die Orgel geisterhaft und fern immer reicher in die Sturmstimmen hineintönt. Kopfe im Dunkelraume vorbeijagen. Einzeln und in Scharen. Mensch, Tier, Chimären, Fratzen, Teufel.

EINE STIMME *im Raum eindringlich rufend.* Josua …
ANDERE STIMME. Meister …
ANDERE STIMME. Jubiliere … jubiliere …
EINE DUNKLE STIMME. Frage nach keiner Erdenstimme …
ANDERE STIMMEN *durcheinander.* Jubiliere … jubiliere …
DIE DUNKLE STIMME. Die Abgründe sind weit aufgetan …
DIE HELLEREN STIMMEN. Jubiliere … jubiliere …

Der Domorganist stöhnt auf.

EINE SCHAR JÜNGLINGSKÖPFE *vorbeiziehend*. Kühn sei ... kühn sei ...

ANDERE JÜNGLINGSKÖPFE. Wenn der Weltwind aus den Abgründen bläst ...

ANDERE JÜNGLINGSKÖPFE. Kühn sei ... kühn sei ...

HELLERE STIMMEN. Jubiliere ... jubiliere ...

DER DOMORGANIST. Oooh ... wär ich berufen ...

EINE SCHAR KINDERKÖPFE *vorüberjauchzend. Hell.* Der Abgründe Harfe zu schlagen ...

ANDERE STIMMEN. Zu blasen des großen Morgens helle Posaunen ...

DUNKLE STIMMEN. Musiker du ... Magier du ...

DER DOMORGANIST *plötzlich die Augen erhebend. Leidenschaftlich.* Gib ... gib ... gib ...

EINE ANDERE SCHAR KINDERKÖPFE. Jauchzendes Blut in verdorrtes Gebein ...

ANDERE STIMMEN. Tönen ... schütte blühendes Tönen aus deinen Händen ...

ANDERE STIMMEN. Gib Gewißheit ...

ANDERE STIMMEN. Gib Gewißheit ...

ANDERE STIMMEN. Gib Lobgesänge ...

VERHALLENDE STIMMEN. Gib Lobgesänge ... gib Lobgesänge ...

Die Erscheinungen versinken dabei immer mehr ins Dunkel. Noch der Domorganist sichtbar. Dann nur die goldene Riesenorgel. Deren Ton immer ferner und ferner einsinkt.

EINE KINDERSTIMME *ruft aus den jagenden Dunkelwolken ganz hell und freudig.* Und ob du gleich wanderst im finstern Tal ...

Plötzlich Tiefdunkel.
Aus dem Tiefdunkel, ohne daß der Vorhang gefallen ist, taucht auf: Aszetische Musikerwerkstätte. Auf Wandregalen Geigen. Vergilbte Lorbeeren da und dort hängend. Eine gelehnte Harfe von Golde. Aus Chaos von Notenblättern liederlich auf der Diele und von Notenbüchern getürmt, ragen: mächtiger Flügel mit Schemel davor. Stehpult daneben. Zerschlitztes Sofa. Zerschlitzter Lehnstuhl. Alles zufällig und

schief gestellt. An der linken Wand Orgel mit Bank und Tritt. Eingangstür rechts. Zimmertür in der Tiefe.
Der Domorganist sitzt jetzt vor dem Flügel. Starr und vertieft in sich. Den Kopf auf den Notenhalter gebeugt. Ganze Haltung genau wie in der Vision. Totenstille. Nacht.

Erste Szene

Die Tür rechts tut sich lebhaft auf. Georginel im Reiseanzug mit Schirm und Täschchen hastig herein. Stutzt. Bleibt stehen. Besieht den Domorganisten von ferne. Geht einen Schritt näher. Geht auf Zehen zurück. Verschwindet.

Zweite Szene

DER DOMORGANIST. Oooh … wär ich berufen …

Dritte Szene

DIE MUTTER *tritt gleich danach ein. Ebenfalls noch im Straßenanzug. Besieht den Domorganisten von ferne und sagt.* Nanu … soll das der Brautempfang sein … *Behutsam.* Josua …
DER DOMORGANIST *ohne sich zu rühren.* Oooh … wär ich berufen, der Abgründe Harfen zu schlagen … zu blasen des großen Morgens helle Posaunen … *Inbrünstig.* störe niemand … störe niemand …
DIE MUTTER *geht zur Tür zurück. Hinaus sprechend.* Komm du ruhig …

Vierte Szene

GEORGINEL *erschrocken in der Tür. Leise.* Was ist denn …
DIE MUTTER *alles folgende immer gedämpft.* Da … lerne ihn kennen …
GEORGINEL. Ach … wieder hier … in der aszetischen Musikerklause … die Instrumente … die schöne Orgel … die Blätter Noten … *Lacht.* mitten im Chaos die schaffende Seele …

DIE MUTTER. Alles Bürgerliche tritt er mit Füßen ...
GEORGINEL *leise lachend.* Ganz entrückt ist er ... ist er oft so ...
DIE MUTTER. Schlafen zur Unzeit wie ein Betäubter ... hungern zur Unzeit ... daß man denken könnte, er müßte schließlich verhungern ... ein aszetischer Mönch kann für seine Ideen nicht schlimmer entsagen ... schwiemeln zur Unzeit ... Nächte und Tage ... nein nein ... seitdem du die Braut bist ... ach Gott, liebes Kind ... wie Männer ... wie solche Unbände sind ...
GEORGINEL. Muttel ... soll ich dir etwas anvertraun ... ich bin doch ... kaum hochgesprossen ... das Schulmädel kaum überwunden ... noch immer so triebhaft ... fühle zum ersten Male ... und gleich eine Braut ... und gleich vor Solchem ... und gleich so ein Musiker ... und gleich so ein Rätsel ... *Sie lacht.* du denkst wohl glatt nur: ich liebe ... ich liebe ...
DIE MUTTER. Ja wie denn ... gewißlich ... du liebst ... diesen wilden Eber ... der plötzlich womöglich in einer verrückten Laune alle Gartenblumen zerstampft ...
GEORGINEL. Muttel ... wenn er so etwas hört ...
DIE MUTTER. Der hört jetzt gar nichts ... sonst hätte er längst gebrüllt wie ein Fuhrknecht ...
GEORGINEL *den Domorganisten beobachtend.* Josua ist ein Geisterseher ...
DIE MUTTER *lacht.* Ja, ja ... in *der* Lage allem gemeinen Leben ganz fern ...
GEORGINEL. Muttel ... warum muß ich draußen stehen ... in die gewöhnliche Welt verbannt sein ... während er mit den Rufern redet ...
DIE MUTTER. Bleibe du ruhig im Bürgerleben ... man braucht durchaus nicht was Extraes sein ... solcher Dünkel wird richtig zur Plage ... o Gott Gott Gott ... wenn die Welt voll solcher verrückter Musiker wär ... für die kein Strick hält ...
GEORGINEL *den Domorganisten immer starrer betrachtend.* Muttel ... ich härme mich so nach ihm ... warum muß ich vor seinem Allerheiligsten stehen und demütig harren ... flehend im Herzen: nimm mich doch zu dir ...
DIE MUTTER. Ih ... *der* Schädel ist nicht bloß vom Allerheiligsten voll ... ein Chaos ist in ihm ... du wirst es schon merken ...

GEORGINEL. Das sagt auch der Vater ... der Vater warnt schrecklich ... viel schlimmer wie du ... und *ich*... ich lache ...
DIE MUTTER. Na na ... das klingt stutzig ...
GEORGINEL. Weiß Gott auch ... erschrick nicht ... was bin ich ... gar nichts ... ein dummes, einsames, junges, sich erstmals erprobendes Menschenherz ... ach Gott ... ein ganz unwahrscheinliches, albernes, leeres Ding ... ich sag es ganz offen ... manchmal wenn so ein andres, harmloses, fröhliches, lüsternes Leben an mich herandrängt ... küssen ... tanzen ... singen ... ausgelassen umarmen möchte ... gar nichts bedenken ... hintändeln nur im Mai ... sich jagen ... sich kriegen ... zerflattert vom Winde ... nur so fühlen möchte wie junge Katzen und junge Krähen im Mai ... *Düster.* du ... im Traum, Mutter ... das ist nur im Traum ... wenn ich fern von ihm bin, da graust mir vor ihm ...
DER DOMORGANIST *ohne sich zu rühren.* Gib doch ... gib doch ... gib doch ... Lobgesänge ... *Fast schreiend.* Lobgesänge ...
DIE MUTTER *behutsam.* Josua ... du verjagst das Kind ...
GEORGINEL *scheu, nachdem sie eine Weile sorglich beobachtet, ob der Domorganist erwachen würde.* Ich *bin* nicht ein Kind mehr ... jetzt ... wo ich Josua sehe ... da *kommen* mir nicht mehr so triebhafte Wünsche ... da *will* ich kein Kind wie ein Strohhalm im Winde mehr sein ... verliebte Herzen sind wohlfeil wie das Gras in der Wiese ... da will ich ein liebendes Menschenblut sein ... *Kindlich lachend.* da will ich nur Blumenstaub und Honig sammeln wie eine Biene ... heimlich ... für ihn ... für ihn ...
DIE MUTTER. Schwärmerkindel ... Georginel ...
GEORGINEL. Komme, Mutter ... er fühlt, daß wir lauern ...
DER DOMORGANIST *dumpf.* Jubiliere ... Letztes ahnt man ... zerhorcht sich die Seele ... vom Aufgang zum Untergang ... »halte doch Frühlingsgewässer in deiner Hand« ... *Plötzlich wie wirklich.* Qual, wenn man flüstert ...
GEORGINEL *hastig.* Mutter ... *Sie läuft wie gescheucht.* Mutter ... ich mag nicht lauern ...
Ab.

Fünfte Szene

DIE MUTTER *erstaunt. Starrt ihr nach.* So laufe ... *Geht dann zum Domorganisten. Blickt wieder nach Georginel zurück. Rührt den Domorganisten an.* Josua ... erwache ...
DER DOMORGANIST. Was ist denn ...
DIE MUTTER. Irrsinnig richtig ...
DER DOMORGANIST *aufspringend. Dumpf und gebunden. Auf den Boden starrend.* Du hast mich geweckt ... du hast mich gewaltsam aus Tönen geweckt ... du hast nie gehörte Wohlklänge fortgetrieben ... du hast kein Recht, mich gewaltsam zu wecken ... du hast kein Recht, mir die Seelenseligkeit fortzutreiben ... ich will gewahrt sein vor Übergriffen ... kein Schuhputzer bin ich ... ich bin ein Geweihter ... Gott bestimmt den Moment der Berufung ... ich erhöre neue Musik ... Ochsen- und Eselgebrüll ist noch keine neue Musik ... auch die Vögel im Walde machen nur geringes Gepiepse ... allein dem Menschenohre ringt sich aus der harten Feindlichkeit ... und dem Lärm ... und der Fremde dieser abgründigen Welt immer unerhörteres, tönendes Wesen los ... *Plötzlich klagt er auf aus seiner Dumpfheit. Hart ausbrechend.* die Geburtssunde hast du mir vertrieben ...

Sechste Szene

GEORGINEL *kommt hastig herein.* Oh ... Muttel ... er schilt dich ...
DER DOMORGANIST *wieder scheu und dumpf für sich.* Ich brauche nicht Mutter ... noch irgend jemand ... ich treibe ein Geschäft aus der eigensten Quelle ... führe ewig nur Krieg mit anmaßlichem, höflichem Bürgervolke ... mit diesen dreisten, aufdringlichen Hungerleidern und Alleswissern ... *Er spielt auf dem Flügel ein Motiv, anklingend an die Orgelmusik.* ja ... faß es noch einmal ... und war ein Schneeball, der schon zur Lawine anschwoll ... ein Keim, der zum Riesenbaume erwuchs ... verjagt jetzt der Zauber ... und alles war in mir ... erbrauste schon herrlich ... *Lacht vor sich hin.* verschüttet die Tonpracht ... *Lacht wieder.* verjagt von der Mutter ... *Er sucht tastend und anschlagend auf dem Klavier und schreibt einen*

Augenblick. Wirft den Bleistift fort. Weiter dumpf. garnichts ... Leere ... blödes Geklapper ... *Er klagt auf.* das ist Verrat ... ihr werdet mir meine Schöpferstunde nicht wiedergebären ... so geht es immer ... ich hasse den ganzen Bürgeranhang, der das Allerheiligste eines schaffenden Menschen mit plumpen Fußtritten überrennt ... *Wieder dumpf gemessen.* ich werde aus diesem Hause ziehen ... fliehen einfach ... vor allen Menschen ... *Er nimmt Hut, Überrock und Stock von der Wand. Zieht den Überzieher an.* ich gehe ... lieber ziellos hinaus in die schweigende Nacht ... unter die Sterne ...
DIE MUTTER *ängstlich.* Sohn ... bleib doch ... morgen fällt es dir wieder ein ...
DER DOMORGANIST. Niemals fällt es mir wieder ein ... jede meiner Sekunden ist einzig ...
DIE MUTTER. Josua ... bist wie besessen ...
DER DOMORGANIST. Besessen ... das bin ich ... rücksichtslos und besessen bin ich ... sonst bereitet man sich von der Erde zum Himmel den Weg nicht ...
DIE MUTTER. O Gott Gott Gott ... ich kenn deine Wege ... wenn du wieder fortläufst ... jetzt ... in die Nacht ...
GEORGINEL *schnell entschlossen. Doch scheu.* Josua ...
DER DOMORGANIST *hört nicht.* Ach ... *Er tastet wieder nach Tönen.* ein grandioses Motiv ... ein neu offenbartes Motiv ... aus dunkelsten Sehnsüchten aufgesprungen ... solch Blitzlicht genügt, ein Meer von Tonwogen zu entfesseln ... *Wieder jäh aufbegehrend.* ich könnte schreien vor Schmerz ... nach diesem Einen ...

Er hat Hut und Stock beiseite geworfen.

GEORGINEL *verlegen lachend. Ratlos zur Mutter blickend. Wieder entschlossen.* Josua ... *Kindlich.* sieh deinen Goldfinger an ...
DER DOMORGANIST. Gar nichts von Golde hab ich am Leibe ... wenn ich schaffe ...

Er hat den Überrock ausgezogen. Hängt ihn fort.

GEORGINEL *lacht hell.* Du Verleugner ...
DER DOMORGANIST. Auf allen Wegen ... Menschen sind mir völlig egal ... Menschen können mir, was *ich* brauche, doch nicht geben ...
GEORGINEL *ängstlich. Verzweifelt.* Muttel ...

DIE MUTTER. Du machst dir keinen Begriff, wie dieser Mensch ist ...

DER DOMORGANIST *dumpf.* Größenwahnsinnig ist er ... sag 's nur ... sag 's nur ... das ist sein Schicksal ... das nennt man Berufung ...

GEORGINEL *scheu.* Muttel ... was ist zu tun ...

DER DOMORGANIST. Gar nichts zu tun ist ... wenn das Schönste zerschlagen ... wenn nie erhörte Harmonien aus Gottes Dunkeln zerschlagen ...

DIE MUTTER *empört.* Ein solcher Zustand ... kannst du dir einen solchen Zustand überhaupt anders erklären, als daß der Mensch richtig irrsinnig ist ...

DER DOMORGANIST *streicht sich nervös grabend viele Male über die Augen. Macht die Augen weit auf. Ist plötzlich schüchtern.* Wer ... Georginel ... ach du ... Georginel ...

Georginel verlegen. Kindlich. Die Mutter, indem sie gegen die Mitteltür retiriert.

GEORGINEL. Josua ... sieh mich ...

DIE MUTTER *schon in der Tür. Für sich.* Das ist nämlich so ein Brautempfang bei einem Genie ... Gott sei Dank ... jetzt sieht er ... *Sie drückt sich hinaus. Durch die Tiefentür ab.*

Siebente Szene

DER DOMORGANIST *betrachtet spröde Georginel. Streichelt ihr scheu am Ärmel herab.* Du ... bist es also ... Georginel ... was soll man denn tun sonst ... der Mensch kann nicht beliebig nur so in die Abgründe greifen ... er glaubt und wartet ... und ist nie Meister ... und hat den Augenblick nie in der Hand ...

GEORGINEL *scheu.* Mutter hat mich gerufen doch ... ich war so froh, zu dir zu reisen ...

DER DOMORGANIST *breit lachend.* Ja ja ... die Mutter hat dich gerufen ... du sollst mich zähmen ... morgen ist großes Amtsgeschäft ... eine tausendmal schon gespielte Totenmesse von irgendeinem soll grade ich so mitten hinein zelebrieren ... und du wirst neben mir gehen ... und ich werde fromm sein ... der wohlbestallte

Domorganist ... *Er lacht plötzlich grell. Reißt ihre Hand an sich. Hält sie überzärtlich und sinnlich an den Mund.* Hände ... wie Blumen ... ganz wunderbare ... fein zugespitzte ... mit Wonnefurchen zärtlich durchzogen ... Mäusefellchen sind nicht so weich wie deine Hände ... weiße Rosen sind nicht so bleich wie deine Hände ... und blaue Adern ... perlmutterhaft ... *qui voit ses veines, voit ses peines* ... *Er erhebt seinen Blick. Immer mehr aus der Neigung des Kopfes, weil er sein Gesicht ganz leidenschaftlich auf die Hände gedrückt hatte.* Mund von Purpurmohn ... *Er tritt plötzlich zurück.* wie ein schlanker Akanthusstengel bist du erwachsen ... zween Rehzwillinge voll und prall ... wie Weizenhügel die Hüften ... wie eine schimmernde Frucht aus Fleische ist so ein lockender Mädchenleib gemacht ... ja ... ich bin Künstler ... ich sehe durch deine Kleider hindurch ... und wahrhaftig Mann auch ... tausendmal hungrig nach solcher Frucht ... *Er lacht.* du könntest zehn Bürgermänner verführen ...

GEORGINEL *beschämt.* Warum es mich nur mit allen Fasern zu dir zieht ... erwache, Josua ... blind bist du ... deine Seele ist fortgeflogen ... erwache zu deiner Seele ... sonst fliehe ich ...

DER DOMORGANIST *in sich.* Sublimes Mädchen ... ja doch ... keusch noch ... wie eine verblichene Nonne stehst du erschrocken ... ich begreife ... Männergriffe haben deine nackte Pracht noch niemals lädiert ... so muß eine Braut sein ... Braut ... kein Dämon ... *Er lacht für sich und von oben.*

GEORGINEL. O nein ... du ... ich fliehe ... *Sie springt zur Tiefentür.*

DER DOMORGANIST *wie erschrocken.* Ich verletzte dich wohl ... *Er wendet sich wieder ab.* verwirf mich doch nicht ... ich ringe mich durch ... ich bin noch jenseits ... ich laufe Musik nach ... *Er hat sich ins Sofa sinken lassen.* streichle mit deinen sanften Händen mir Haar und die Stirn ... *Er gibt sich ihrer zögernden Güte ganz hin. Er ist neu aufgesprungen.* mache mich sanft ... der schaffende Mensch ist jeder Gewalttat ausgeliefert ... du willst mein Seelenfreund sein ... so lerne die tiefste Stunde mir hüten ...

Er setzt sich und spielt wie einen vierstimmigen, hellen Frauenchor zögernd wie ein Kind mit drei, vier Fingern. Das Motiv wieder an die Orgelmusik der Vision kindlich erinnernd.

Achte Szene

Unterdessen tut.

DIE MUTTER *behutsam die Tiefentür auf. Wie sie sieht, daß er spielt, schleicht sie herein. Drollig kindlich.* Abgereist an den Südpol wieder ... *Lachend horchend.*
GEORGINEL *leise zur Mutter.* Ich bin ganz umstrickt ...
DIE MUTTER. Oh! das klingt lieblich und lustig ... weil du bei ihm bist ... aber Töne können das Menschenherz furchtbar bedrängen ...
GEORGINEL *plötzlich gähnend. Krampfhaft und hilflos.* Muttel ...
DIE MUTTER *erschrocken.* Kindel ... du wirst ja totenbleich ...

Georginel kämpft gegen eine Ohnmacht. Ist der Mutter einen Augenblick in die Arme gesunken.

Neunte Szenc

DER DOMORGANIST *hat aufgehört, stützt seinen Kopf wieder gegen den Notenhalter. Dumpf.* Gar nichts ... rein gar nichts ... klingt ärmlich und klein ... wie Kummerseelen, die ewig nur harren ...
DIE MUTTER *hart.* Schweig du nur jetzt ... mit deiner Rüdheit ...
GEORGINEL *sich sofort ermannend.* Muttel ... doch nicht so heftig gleich ...
DIE MUTTER *unwirsch.* O ja ... ich laß ihn ...

Der Domorganist erhebt seinen Kopf. Starrt Mutter und Georginel verständnislos an.

DIE MUTTER *will Georginel zögernd fortführen.* Ach ... laß ihn glotzen ... komm du nur jetzt ... du hast es nötig ... komme nur schlafen ... du hast eine weite Reise gemacht ... von diesem Quadratstein prallt heut alles ab ... *Beide, Georginel zögernd, gegen die Tiefentür.*
GEORGINEL *zurücksprechend.* Josua ... dein Gesicht ist so fremd ... *Beide ab.*

Zehnte Szene

DER DOMORGANIST *lacht für sich.* Mein Gesicht wird wohl fremd sein … reine Jungfrau … sehr weise Mutter … ich *bin* kein abgegrenzter, fein in die Sielen mit Klingeln gespannter, moralischer Mensch, wenn die Rufer rufen … bin gar nichts derart … bin Kreatur … bin Flattermaki … baumle rücklings am Weltenaste über dem Abgrund … Vampir … giere, Gott selber die Seelenseligkeit aus den Halsadern auszusaugen … *tönen* will ich … nicht gackern wie Hühner … Flügel sollen die Töne nehmen wie Kondore, die um die Sonne jauchzen … *Wieder zurückfallend. Dumpf.* ach … betrunkene Worte … gebt Wein her … helle, tanzende, glitzernde Strahlung … vor mich hin auf den Tisch … Lichtwein im Glase … vor mich hin … auf den Tisch … aus so Alleinsein werde ich vielleicht die erjagten Stimmen der Weltorgelnächte doch noch erhorchen … *Plötzlich entschlossen nimmt er Stock, Überrock und Hut von der Wand. Greift ein Schlüsselbund. Geht rechts ab.* mein Gesicht wird wohl fremd sein … *Ab.*

Der Vorhang fällt.

Zweiter Akt

Personen.

Der Domorganist

Georginel

Die Mutter

Der Strolch

Der Seminarist

Die Zigeunerin

Allerlei Stadtleute

Dom und Domplatz.

Dom von der Längsseite. Haupttür nach rechts. Sakristeitür links nach vorn. Entsprechend der Sakristeitür, auf den Beschauer zu, führt eine kleine Treppe vom Domplan herunter. Stadtleute stehen vor der Haupttür gedrängt.

Erste Szene

Die Mutter kommt aus der Sakristeitür gehastet. Im Begriff, nach rechts suchend und erregt fortzueilen.

Zweite Szene

GEORGINEL *gleich danach atemlos von rechts. Rufend.* Nein ... noch nicht ...
DIE MUTTER. War er noch nicht zu Hause ... hier ist er auch nicht ... der Pastor segnet schon die Gemeinde ... wer hilft uns denn jetzt in unserer Not ... wenn nicht ein Engel vom Himmel auf Josuas Orgelbank steigt und Musik macht ...

Die Orgel beginnt die Totenmusik zu spielen.
Georginel und Mutter sehen sich plötzlich erstaunt an.

GEORGINEL. Muttel ... horche ... Josua ist ja schon drin ...

Sie gehen auf Zehen in die Sakristeitür ab. Die Totenmesse klingt ernst und feierlich.

Dritte Szene

DER DOMORGANIST *kommt von rechts aus der Tiefe. Verbohrten Ganges. Den Hut in die Stirn gedrückt. In sich erregt. Beim Schreiten redend.* Blödsinn ... Blödsinn ... erbitte mir das ... dieser Seminarist ... dieser junge Phantast ... Amtsgeschäfte sind Amtsgeschäfte ... *ich* werde dafür bezahlt ... runter ... von meiner Orgelbank runter ... *ich* werde jetzt dem Volke die Totenmesse vorzelebrieren ... *Auf die Sakristeitür zu.* ich bin der Meister ... ich bin der Meister ... *In die Sakristeitür ab.*

Vierte Szene

Man hört die Orgel gleich danach verstummen. Tiefe Totenruhe drin. Alles drängt an der Haupttür tiefer hinein. Plötzlich setzt gegenüber dem sanften, vorherigen Orgelspiel ein gewaltiges Tirilieren von tausend Flöten und Bässen ein. Und eine große Musik erklingt eine Weile, die etwas Berauschendes hat. Dann beginnt die Tonfolge eine Weile seltsam zu schwanken. Unsicher zu werden. Abzusetzen. Dann hebt sie sich noch einmal mächtiger auf. Und klingt eine Weile wieder so fort. Plötzlich bricht sie ganz jäh mitten im Takt ab.
Eine Weile jetzt Totenruhe. Dann scharfes Rumoren im Dom. Die Türen tun sich auf.

Fünfte Szene

Die verschiedensten Kirchgänger, Arbeiter, Bürger, Damen, Landleute, Soldaten, Studenten, Seminaristen, junge Mädchen, Knaben, Kinder, eilen nach verschiedenen Seiten heraus. Alles im tiefsten Gelächter.

Verhalten. Verstohlen einander zulachend. Gruppen junger Leute untereinander toll ausbrechend. Dazwischen auch einige Gesichter tief entrüstet. Eine Gruppe Studenten mit Lachgrimassen untereinander.

DER EINE. Der Domorganist hat das ganze Orgelchor vollgekotzt ...

Alles eilt in dieser gesteigerten Lächerlichkeit fort.

EIN ANDERER STUDENT. Der berühmte Domorganist ist nun einmal ein Rheinweinsäufer ...

Eine Gruppe Seminaristen mit ähnlichen Lachgebärden. Zwei Damen dazwischen durchgehend.

DIE EINE. Ja ... die gute Frau Bürgermeister ist gestern nacht von Drillingen glücklich entbunden worden ...

DER EINE *in der Seminaristengruppe.* Total besoffen ... total besoffen ...

DER ANDERE. Rheinweinleiche ... einfach Rheinweinleiche ...

EINE KRUMME ALTE *ernst zum Kinde, das ihr am Arme hängt.* Das war eine Stärkung ... das war eine Stärkung ...

EIN ALTER SCHUSTERMEISTER *bissel Prophet, mitten unter dem lachsüchtigen Volke schreitend, neben einem kleinen, stämmigen Schmiedemeister. Beide tief ernst.* Wenn sich das Menschenherz nur errütteln ließe ... wenn sich das Menschenherz nur errütteln ließe ... *Wieder ein paar Studenten eilen lachend vorbei.*

DER EINE. Dieses Sumpfhuhn ... speit auf die ganze Welt ...

DER SCHMIEDEMEISTER *zum Schuster, indem beide behäbig abgehen.* Neid ... Zwietracht ... Gewinngier ... niederträchtiger Leumund ... schäbige Gesinnung ... das sind die Dämone ... da könnten gleich tausend Orgeln brausen ... da könnten gleich tausend Orgeln brausen ...

Noch ein paar letzte Kirchgänger kommen aus dem Haupteingang. Ebenfalls wieder toll lachend. Als letzter kommt ein staubgrauer Strolch, mit Stock, Hut und Ränzel, der an der Haupttür gleichgültig den Verschwindenden nachblickt.

Sechste Szene

DIE MUTTER *drängt aus der Sakristeitür heraus.* Ich glühe wie eine Pumpelrose ... vor Scham und Schande ... nur fort jetzt ... nur fort jetzt ...

GEORGINEL *sie haltend und einredend.* Mutter ... ich bitte dich ... liebe Mutter ...

DIE MUTTER. Und das Tuch über Augen und Ohren ... vor Scham und Schande ... wenn man jetzt durch die höhnische Bande läuft ... nein nein ... zur Samariterin für besoffene Kerle bin ich nicht geboren ...

GEORGINEL. Herr Jesus ... Muttel ... komm doch zu dir ... wir können doch Josua nicht in *dem* Zustand fremden Leuten jetzt überlassen ...

DIE MUTTER. Einen solchen verwahrlosten Kerl ... ich bin unschuldig an so einem Leben ... ich würde ihm eine Ohrfeige schlagen, käme ich nahe ... versoffenes Genie das ...

GEORGINEL. Muttel, das wirst du bleiben lassen *Plötzlich kindlich ekstatisch.* oh Muttel ... wenn man nicht wüßte, daß er noch atmet ... man könnte denken, er wäre gestorben ... schön und groß sieht er aus ... trotzdem ... bleich ... wie verklärt ... als zerrisse ihm Leid die arme Seele ... so wollt er mit Tönen die Toten beklagen ...

Sie eilt plötzlich in die Sakristei zurück. Unterdessen eine bettelnde, junge Zigeunerin, ein Kind im Rückentuch eingebunden, von links erscheint, die nur steht und sich Dom und Leute von ferne betrachtet.

Siebente Szene

DIE MUTTER *nach rechts forteilend. Zornig zurückrufend.* Schmach um Schmach muß das Mutterherz tragen ... die Mütter auf Erden sind dazu da, Schmach und Schmerzen ewig zu tragen ...

Sie kommt wieder zurück. Will auch in die Sakristei hasten.

Achte Szene

GEORGINEL *kommt ihr entgegen. Hinter ihr der Seminarist.* Wir sollen heimgehn ... *Alle drei im Begriff fortzueilen.*
DER SEMINARIST. Der Meister folgt gleich ...
GEORGINEL. Niemand darf sehen, wenn er erwacht ...
DER SEMINARIST. Hätte mich doch der Meister die Totenmesse vollenden lassen ...
DIE MUTTER. Sie haben gespielt wie ein Engel vom Himmel ... oh mein Gott ... das war so ein Totenfest ... *Über den Platz nach rechts.*
DIE ZIGEUNERIN *ist unterdessen zögernd auch nach rechts geschleudert. Zu Georginel.* Frailein ... Frailein ... Sie ... Frailein ... luß dir wahrsagen ... scheenes Frailein ...
GEORGINEL *einen Moment stutzend.* Jetzt ... oh, doch jetzt nicht ... *Alle Drei nach rechts ab.*
DIE ZIGEUNERIN *nach rechts den Dreien hinterdrein.* Man erjagt es niemals ... man lebt ... und lebt ... und fühlt kaum das Leben ... *Ab.*

Neunte Szene

Die Sakristeitür wird behutsam aufgetan.

DER DOMORGANIST *lugt heraus. Wie er sieht, daß der Domplatz leer ist, kommt er scheu heraus.* Wohin denn ... die gellende Ruhe und Kühle dieses Domkolosses verjagt mich ... da mögen Heilige unter den Steinplatten schlafen ... nicht ich ... wohin denn ... ach wären doch Flügel ... aus diesem entgeisterten Tage heraus ... etwa so vor der Mutter sitzen ... am Sonntagstische ... und vor der Reinen, die meiner wartet ... Erniedrigung schreiend im Blute ... Mitleidsblicke auf mir ...

Zehnte Szene

Unterdessen geht der Strolch zögernd vom Haupteingang ganz bis zu den Stufen und läßt sich da nieder. Beginnt aus dem Ränzel Eßbares auszupacken.

DER DOMORGANIST *betrachtet ihn scheu von fern.* Auch ein verachteter Mann ...

Der Strolch nimmt keine Notiz von ihm. Ins Essen gierig vertieft.

DER DOMORGANIST *geht zögernd an ihn heran.* Woher ... wohin ...

DER STROLCH *spröde.* Aus dem Leibe einer kreißenden Frau ... und laufe hastig dem Grabe zu ...

DER DOMORGANIST. Witzig ...

DER STROLCH. Ob das witzig ist ... dabei die Wahrheit ...

DER DOMORGANIST. Wer sind Sie ...

DER STROLCH. Ein Edelmann ... früher ... eher ein Stein jetzt ...

DER DOMORGANIST *setzt sich auf die Stufe.* Duldest du mich hier ...

DER STROLCH *ohne Acht. Beide Hände hinhaltend.* Da ... feine Hände ... gräfliche ... früher ...

DER DOMORGANIST *lacht.* Ja ja ... lieber Bruder ...

DER STROLCH. Sind billige Brüder ... hier auf der Erde ...

Der Domorganist in sich bohrend.

DER STROLCH. Oder meinen Sie einen von *den* Brüdern, die für einander ihr Leben lassen ... die gibt's nicht auf Erden ... die Erdenbrüder wollen die dicke Melone für sich erjagen ... und darum womöglich den andern erdrosseln ...

DER DOMORGANIST *scheu. Eine Pause.* Was treiben Sie ...

DER STROLCH. Ich peitsche das Rad der Zeit ... wie der Jockei den Renner ... damit es zeitig genug mit mir in den Abgrund springt ...

DER DOMORGANIST. Das sieht man vor sich ... höchst malerisch ... so was könnte ein Meister des Pinsels malen ...

DER STROLCH. Es lohnt sich nicht, einen Aussätzigen malen ... wissen Sie ... früher ... als Jüngling der *Jeunesse dorée* ... junger Edelmann ... Monokel im Auge ... da malten sie mich ... damals konnte ich mir alle blutigen Früchte vom Lebensbaume stürmisch herunterreißen ... weil ich Gold warf ... da konnte ich die göttliche Sehnsucht und das innere, sichere Leben mit Weibern und Wein nur so verjubeln ... merkte es gar nicht, wie ungewiß alles in mir wurde ... wie ich in meinen Fundamenten verfiel ... wissen Sie ... mit Rennpferd ... mit goldenem Geklingel von vier leichten Silberschimmeln vor meinem Dogcart ... so hat mich ein Meister des Pinsels gemalt ... jetzt bin ich Grind ... 224

DER DOMORGANIST. Huuh ... laß mich mit deinem Erdenjammer in Ruh ... ich könnte meinen Schädel auch auf den Steinen zerschlagen ... und schluchzen und heulen ... in meiner Lage ...

DER STROLCH. Ich bin kein Schwächling ... ich wandre heut hart ... ich... begreife heut Aufgang und Untergang ... Absturz ... Labsal ... letzte Erkennung ... letzte Beglänzung ...

DER DOMORGANIST. Absturz ... Labsal ... letzte Erkennung ... letzte Beglänzung ...

DER STROLCH. Ja ... letzte Beglänzung ... da ... *Mit Geste des ausgestreckten Armes.* man denkt, es ist hoffnungslos ... immer wieder im Frühling mit weißen Blüten bekränzt die ewigen Chausseen ... immer wieder im Herbste mit Ebereschbeeren ... die ewige Ferne ... immer wieder im Winter verhangen mit Schnee ... und man selber gefangen im Mauerloche ... im stinkigen Ortsgefängnis ... was tut das alles ... am Ende wird der gehetzte Landstreicher in einem Walde ... oder irgend in einer Bauernscheune sterben ... wenn nicht der Gendarm oder Polizist versucht, ihn noch weiter zu hetzen ... aber der Tod *kommt* mit seiner magischen Allmacht ... und der Tod *wird* die Jammergeburt dieses gehetzten Menschentieres gänzlich verwischen ...

DER DOMORGANIST. Ja ... wie denn ... weiter ...

DER STROLCH *lacht*. Mein Vater hatte z.B. vier Ärzte wie er starb ... über meinem Sterben wird vielleicht ein Häher vom Baume Wache halten und kreischen ... äußerlich ist das ... was können vier Ärzte beim Sterben tun ... das Allerwunderbarste wird sich dann *innen* begeben ... in jedem ... mein Vater z.B. war im Leben ein harter, stolzer, herrischer Herr ... er verachtete selbst seine

Kinder ... Verachtung wohnte immer in seinem Gesicht ... natürlich solange er nicht unter Seinesgleichen den Heiteren spielte ... aber ... mein Herr ... als er *aufgebahrt* lag ... da war der bisherige Vater nicht mehr vorhanden ... da war er *adlig* geworden ... adlig ... großartig ... demütig ... schön ... schwebte im Raume ... ein ganz Befreiter von all den Grimassen harter Gebarung ... selbst einen wohlbestallten Domorganisten hätte er, wie er so in die Ewigkeit fortzog, höchst klein wie eine Fliege gesehen ... lag doch vor uns in seinem Sarge noch ... schwebte trotzdem schon fern ... *er trug schon verklärte* Gestalt ... du glaubst es mir nicht ... du mußt es mir glauben ... ich ... heute ein Strolch noch ... vielleicht schon morgen werd ich erhaben sein ... unkenntlich allen niederen Verächtern ... fortziehen von euch in die Ewigkeit ... in verklärter Gestalt ... vor aller Augen ... kein Mensch wird Staub und Lumpen ... und den bretternen Sarg der Armut mehr sehn ... das weiß ich sicher ... da werden die irdischen Menschen plötzlich mein *höheres* Wesen bestaunen ... verlaß dich auf mich ... wirf die Menschenangst von dir ... das letzte im Leben ist lauter Güte ... sichtbar ... leibhaftig ... entschwebt man ... wie Christus ...

DER DOMORGANIST *erschüttert. Eine Weile stumm.* Ja ... ja ... das sind Gesichte ... oh Mensch ...

DER STROLCH. Mensch ... armer Name ... wirf ihn von dir ... ergründe dich nackt und namenlos ...

DER DOMORGANIST *nach einer Weile.* Warst du im Dome ...

DER STROLCH. Ich war im Dome ...

DER DOMORGANIST. Hast du meine himmelstürmende Totenmusik gehört ...

DER STROLCH. Ja ja ... ich habe Ihre himmelstürmende Totenmusik gehört ... *Er lacht häßlich.*

DER DOMORGANIST. Was lachen Sie grell ...

DER STROLCH *lacht wieder.* Ach was ... Ihre himmelstürmende Totenmusik ... und dann Schimpf und Schande ... da muß ich lachen ... ja ja ... *ich* mache, wenn ich menschenfern bin, Musik ... wenn ich das Gesindel hinter mir habe ...

DER DOMORGANIST. Sie ... Musik ...

DER STROLCH. Wenn ich meine Chausseen haste ... die nach der großen Fata Morgana endlich doch hinführen ... da greife *ich* kühn hinein ... auf imaginäre Tasten natürlich ... *da* rast sich mein staubgrauer Leib wegelang aus wie im Wahnsinn ... da tumultuieren aus mir bacchantische Töne ... was so ein gehetzter, einstiger Lüstling aus tiefster Inbrunst noch kann ... da gell ich ... gluckse ... pfeife ... flöte ... schrei ich mich aus ... *Er lacht.* jauchze ... orkane die Schöpfung an ... preise die Weite, die nie erreichbar ... krächze wie die schwarzen Krähen gen Himmel ... preise das Sommerlicht ... übertöne die Kummergrauheit ... weiß rein nichts mehr von Hasse und Abkehr des ausgestoßenen Mannes ... überflute mit innerem Gefühl die strahlende Sonne ...

DER DOMORGANIST. Tja ... Gott ... auf imaginären Tasten natürlich ... ich spiele auch nicht bloß immer auf Orgeltasten ... ich bin der berühmte Domorganist ... *Er lacht.*

DER STROLCH *ist plötzlich elegant aufgesprungen und macht ein ganz vornehmes Kompliment.* Graf Santa Rocca ... ich habe die Ehre ... ich freue mich sehr, Sie kennenzulernen ... Sie sind der berühmte Domorganist ...

DER DORNORGANIST. Seltsamer Büßer ...

DER STROLCH *stolz.* Nein ... ja nicht Büßer ... nur Überwinder ... ein armes Stück Erde, zum Menschen geboren ... das sein Dasein verhunzte ... und Grind werden mußte ... *Eine Weile gemeinsame Stummheit.*

DER DOMORGANIST *halb für sich.* Natürlich ... natürlich ... zum Menschen geboren ist noch keine Gewißheit ... wir reiten alle auf Tode und Abgrund ... und mancher erwacht ... erkennt sich ... und schauert ...

DER STROLCH. Ach ... im Grunde ist das alles nicht wichtig ... ist tausendmal da ... kommt millionenmal wieder ... ich will durchaus nicht noch offener sein ... *alle* Schmach meines Lebens Ihnen ausplaudern ... erzählen, wohin ich geriet, als ich schwachherzig wurde ... die Nacht und den Morgen ... und Tag ... nicht wiedererkannte ... und die Haare verlor vom wilden Leben ... und heimlich wurde ... und immer noch dachte, ich könnte den Mächten ein Schnippchen schlagen ... *Scheu von der Seite den grabenden Domorganisten bestaunend.* fort jetzt ... ich gehe ... der Worte sind jetzt genug gewechselt ... ich will Einsamkeit um mich ... sonst verpaß ich am Ende wieder mein Heil ...

DER DOMORGANIST. Nein ... höre mich, Bruder ... ich hätte eine Bitte an dich ...

DER STROLCH. An mich ... eine Bitte ... wer bettelt den Staub an ...

DER DOMORGANIST. Du mußt mit mir kommen ...

DER STROLCH. Wohin ...

DER DOMORGANIST. Komme an unsern Sonntagstisch ...

DER STROLCH. Mensch ... berühmter Domorganist ... Sie ... werden doch nicht diesen schmachbeladensten Landstreicher an Ihren Sonntagstisch laden ...

DER DOMORGANIST. Komme ... ich will es ... Georginel und Mutter sollen staunen ... werden meine Schmach nicht mehr sehn ... sie werden aufgelöst sitzen in deine Kreuzigung und deine letzte Befreitheit und letzte Beglänzung ... du mußt am Sonntagstisch unter uns sitzen ... vor Mutter ... und vor der Reinen, die meiner wartet ... ich will dich anlegen wie einen Panzer über meine Blößen ... komme ...

DER STROLCH *zuerst verlegen. Dann heiter.* Ha ... gut ... ich komme ... ich werde also als staubgrauer Heiland am Sonntagstische unter euch sitzen ... *Beide ab.*

Der Vorhang fällt.

Dritter Akt

Personen.

Der Domorganist

Der Strolch

Die Zigeunerin

Der Seminarist

In einer modrigen Weinkellernische.

Eine modrige Nische, ein wenig rechts verschoben, in einem alten, gewölbten Weinkeller. Querbank, Seitenbänke und Tisch darin. Eine Batterie Weinflaschen auf dem Tisch. Drei große Weingläser. Der Domorganist liegt auf der Querbank und schläft. Beleuchtung von der Decke. Vorn Stuhl. Links vorn ein aufgestelltes großes Weinfaß. Ein liegendes Faß in der Nebennische. Links an einem breiten Gewölbepfeiler ein Pianino. Rechts Tür.

Erste Szene

DER STROLCH *sitzt bekränzt auf dem Faß. Ein volles Glas in der Hand. Psalmodierend.*
 Ei, denkt sich die Tochter, 's ist nicht so gefährlich
 Mein Moritz als Beelzebub macht sich ja herrlich
 Und als sie so dachte, da kam er auch eben,
  und rasch hatte sie sich dem Teufel ergeben.
DIE ZIGEUNERIN *flüsternd.* Halt dein Maul ... schwarzes Schwein ... luß diese Mann schlafen ...
DER STROLCH *psalmodiert wieder.*
 Mein Josua ...
 Jetzt liegt er da ...
 Grade wie eine
  volle Flasche ...
 Mein Josua ...

was übrig blieb,
ist Asche ...
ist Asche ...

Er schleudert das volle Glas auf den Boden, wo es zerbricht.

DIE ZIGEUNERIN *hart*. Schweig ... du kriegst es mit mich zu tun ... das Fest ist aus jitzt ... vertullt ... übernächtigt ... das Herz ist schun leer ... ich denke überhaupt ... du hust das Weltmeer der Gier durchschwummen ... alter Prahler ... du bist der Schlimmste ... ja ... du bist der Schlimmste ...

Der Strolch macht eine Geste des Schlagens mit der rechten Faust.

DIE ZIGEUNERIN. Kumm ja nicht nahe ... du bist der Schlimmste ... hust aus der kuchenden Quelle dich recht übernummen ...
DER STROLCH. Hure ...
DIE ZIGEUNERIN *höhnisch*. Schimpf *du* mich Stute ... alter Verbrecher ...
DER STROLCH. Hasse mich jetzt ... hasse mich jetzt ... Haß klingt wie Stahl ...
DIE ZIGEUNERIN. Schieb du auf Fuchssohlen weiter ... elender Bettler ... von der Gnade des tullen Meisters bekränzter Narr ...
DER STROLCH *lacht*. Wenn du ein Totengerippe wärst, könnte ich mich noch in deine großen Zähne verlieben ... holde Luisa ...
DIE ZIGEUNERIN *auflachend*. Na ja ... Spargeln wachsen mir auch nicht im Maule ... Zähne wie Pferde ... alte Geschichte ... *Plötzlich wütend*. nimm Kranz aus die Haare ... ich kann dich nicht sehn jitzt ...
DER STROLCH *plötzlich wehleidig*. Meine hohe Frau Mutter hat mich einst mit Veilchen und Rosen bekränzt ... als Edelknaben ... da stand ich auf einer Marmorterrasse ... jetzt würgt mich die Reu ...
DIE ZIGEUNERIN *höhnisch*. Schluchzende Männer ... das ist immer der Schluß ... geschlagen wie Hund, der das Morgenrot anheult ... ich kenn das Lamento ...
DER STROLCH *hat sich über das Faß geworfen*. Auch ich habe einstmals ins Licht gesehn ... hundertmal hat mich meine hohe Frau Mutter beschworen ... hüte dich vor den Süchten des Lebens ... sie bringen zu Falle ... hüte dich vor dem gierigen Schoße unersättlicher, knotenknüpfender, junger Megären ...

DIE ZIGEUNERIN. Ach ... lächerlich ... du ... su ein alter Sträfling ...

DER STROLCH *ohne sich im Ton zu ändern.* Hundertmal habe ich einst noch als Schieber und Spieler auf meiner hohen Frau Mutter Erbbegräbnis heiße Gelübde getan ... hab vor dem weißen Marmorengel die Hände blutig gerungen, endlich den Lüsten der Welt zu entsagen ... *Er ermannt sich plötzlich.* nein ... es gelingt nicht mehr ... schon zu lange ist die Schicksalskugel vergnügt in den Abgrund gehüpft ... auch meine *Reue* gelingt nicht mehr ... ich *blicke* nicht mehr zurück ... ich *will* nicht ... mich rührt kein Menschenwahn mehr ... ich erstürme nicht mehr dieses ewige Nichts ohne je Frieden ... ich habe das Kleid der Abkehr an ... das ganze Menschenvolk ... nicht bloß seine Kloake, das Zuchthaus ... liegt hinter mir ... ich schmecke eure Genüsse nicht mehr ... Wein oder Essig ... nach versoffenen Armenhausweibern ... oder sonstigem, langhaarigem Straßenabschaum habe ich heute nicht mehr Gelüste ... ich wüßte auch nicht mehr, mit welchem Edelmann oder Fürsten ich meine schmutzigen Bettlerdukaten an der Chausseeböschung weiter verspielen sollte ... für die Orgien der Menschengemeinschaft habe ich nicht einmal Mitleid mehr ... all solche Tänze machen mich höchstens wiehern wie Teufel ...

Zweite Szene

DER DOMORGANIST *aus tiefem Schlafe verstört und wild aufwachend. Sofort aufgerichtet. Die Anwesenden anstarrend.* Was denn ... was gibt's denn ... wo bin ich ... wer lärmt denn ...

DER STROLCH *geht an den Tisch. Ganz spröde und verekelt.* Ach ... es lohnt nicht der Müh ...

DER DOMORGANIST *plötzlich heulend wie ein Wolf.* Uuuuuh ... uuuuuh ... uuuuuh ...

DIE ZIGEUNERIN *dazwischen rufend.* Liebling ... ach ... Liebling ...

DER STROLCH *ebenfalls.* Herr Domorganist ...

DER DOMORGANIST *unbändig lachend.* Meister Tier ist mein andrer Name ... Dreck ... Speck ... Zweck ... überhaupt ... reia reia reia ... humpa humpa humpa humpa ... tra ria rulla ... tra ria rulla ... tra ria rulla ... tra ria rulla ...

DIE ZIGEUNERIN. Ach ... höre auf mit das öde Getöse jitzt ... du bist ja Verrickter ...
DER STROLCH *setzt ein.* Dreck ... Speck ... Zweck ... überhaupt ... reia ... reia ... reia ... reia ...
DER DOMORGANIST *jetzt mit dem Strolch gemeinsam.* Humpa ... humpa ... humpa ... tra ria rulla ... tra ria rulla ... tra ria rulla ... tra ria rulla ...
DIE ZIGEUNERIN *schreit.* Das Gemäuer wird stirzen ... von dieses Geschrei ... ich halte nicht aus ... ich halte nicht aus ...
BEIDE. Tra ria rulla ... tra ria rulla ... tra ria rulla ... tra ria rulla ...

Der Domorganist pfeift mitten hinein gellend. Der Strolch verstummt.

DER DOMORGANIST *lachend und tollend.* Bruder der Steine ... Bruder der Steine ...
DER STROLCH *dumpf.* Mir ekelt vor mir ... mir ekelt vor Ihnen ...
DER DOMORGANIST *erschüttert. Mächtig.* Ich weine Blut jetzt ... ich begehre das Meer ... ich begehre das Meer ...
DIE ZIGEUNERIN. Das Fell über Uhrtrummel wird mich zerplatzen ...
DER DOMORGANIST *kläglich rufend.* Wo bleibt denn der Grünmütz ... wo bleibt denn der Grünmütz ...
DIE ZIGEUNERIN *zum Domorganisten, der plötzlich dumpf in sich eingesunken. Ihm zweimal über die Haare streichelnd.* Ach ... Liebling ... Liebling ... luß diesen Griinmitz ...

Psalmodierend streichelt sie ihn.

> Blümlein der Nacht ...
> Blümlein der Nacht ...
> Geliebter, kumm ...
> Liebe brennt sacht ...
> Aber heiß ... aber heiß ...
> Wie ein heißer Stern ...
> Wie ein Funke im Meer ...
> Wie ein Schatz im Grund ...

DER DOMORGANIST *pfiffig zärtlich lächelnd.* Steppenhuhn ... Zikade ... singst du ... anstatt der zersprungenen Saite der Leier ... aaach ... aaach ... himmlisches Melos ... Trunk aus den Tränkrinnen ... zwischen den Sternen ... *Seele des Glöckners*... zwischen den Sternen

... *Plötzlich erregt.* gar nicht himmlisches Melos ... herumgelüdertes ... herumgesudeltes Melos ... durch alle Ziersalons ... und Spelunken ... und Selbstsuchtstempel ... hindurch gepeitscht ... jaaa ... den Horden muß man die Zeit der Seele nichtig und flüchtig vergaukeln ... das ist das ewige Feldgeschrei ... das ist das altgeheiligte Herkommen ... immer ... *Plötzlich wild aufgeregt.* ich will fort ... ich will los ... ich will aus der verfluchten Schikane entweichen ...

Gewalttätig aufstürmend.

DIE ZIGEUNERIN *hält ihn zurück.* Ach ... still bist du ... Liebling ...

DER DOMORGANIST *widerwillig auf seinen Platz zurückgedrückt.* Hat das Feuer Grenzen ... hat einer schon den funkelnden Lichtschatz all der neuen Weltmorgen ausgemessen ... ist der Mensch nicht unendlicher Ausblick ... ich breche die ganze Versumpfung hinter euch ab ... auf *meinen* Tönen reiße ich euch hinaus ... nicht mit gefälligen ... behandschuhten ... sanften Gesängen ... ich mache euch euer faulendes Beingerippe vergessen ... mit Löwenbrüllen ... mit Löwenbrüllen ... treibe ich euch in die Vogelschau Gottes hinein ... *Starrt die Zigeunerin böse an.* scher dich mit deinem verliebten Gesäusel ... laß mich dämmern ... die Zeit überholt dich ...

DIE ZIGEUNERIN *wütend.* Ach ach ach ach ... sehnst dich wuhl nach deine Lieblingsschüler ... *Lacht grell.* sulch ein Knabenhafter ... sull Suhn zu die betrogene Mutter holen ... dieser Schlingel ... infamer ... kaum siebzehnjährig ... bleibt auch schun quetschen ... und huren wumöglich ... greift auch schun nach Schirzen ... erbricht auf Diele ... vielleicht wird er längst in der Gosse liegen ...

DER DOMORGANIST *visionär vor sich hin. Dumpf und mächtig.* Schweigen ... schweigen ... entrückte Klänge ... *Taktierend.*

Dritte Szene

Der Seminarist erscheint. Die bunte Mütze lotterig auf dem Kopfe. Bleibt stier stehen. Den Meister anglotzend. Taktiert mit.

DER DOMORGANIST *erstarrt, ihm einen Schritt näher rückend.* Die Schuhe erst aus ... unhörbar für dich ist die höchste Musik ... Schüler ... Phantast ... Ehrfurcht will ich ... *Plötzlich ganz ordinär.*

mach mir keen Schmus vor ... *Er schlägt ihm eine Ohrfeige.* hier springt die heilige Quelle ...
DER STROLCH *lachend.* Hier springt die heilige Quelle ...
DIE ZIGEUNERIN *lachend.* Da hust du die heilige Quelle ... du griiner Laffe ... hust dich wuhl mit der frechen Kellnerin rumgedrickt ... hust wuhl das Unmaß von des Meister Gnadenspende glicklich wieder herausgegeben ... schlimm genug, daß du sulchen Unband zum Meister hust ...
DER STROLCH. Herr Domorganist ... wir wollten doch Hand in Hand wie zwei gute Kinder zu Muttern laufen ... wer hat uns in dieses Grabgewölbe gebracht ... wo blieb denn die Mutter ... wo blieb denn der reinliche Sonntagstisch ... *Er lacht.* wo blieb denn das liebliche Sonntagskind, das Ihrer wartet ... wer sieht noch *mich* an ... *Sie* sind der Dämon ... *Sie* der Verführer ... *Sie* haben neu Ihr Gelübde gebrochen ... *Er lacht.* Gelübde ... *Lachend.* Gelübde ... die Welt voll Gelübde ...

Der Seminarist hat den Domorganisten angestarrt. Dann läuft er schnurstracks auf den Stuhl, wo er weint und schluchzt.

DER STROLCH. Heulen und zähneklappern ... das tun die Jünglinge noch ... sie wollen noch die steinerne Sphinx versöhnen ...
DER SEMINARIST *erhebt sich. Trotzig plötzlich aufgereckt.* Nein ... Meister ... Ihr habt mich dreist geschlagen ... ich heule doch nicht ... ich brauch noch nicht heulen ... ich werde meinen Weg schon finden ... wer so von seinen Zielen erfüllt ist ... ich kenne den Weg ... ich bin nicht zerknirscht ... ich brauche noch nicht auf Ahnengräbern Schwüre zu stammeln ... in den Staub will ich knien ... wie Sie ... vor dem Fetisch ... Musik soll mein Ziel sein ... auf Tod und Leben will ich ihr dienen ... genau wie Sie ... Sie wissen sehr wohl, ich vermag schon manches ... meine geehrten Herren ... ich kann schon manches ... denken Sie nur an gestern vormittag ... an den Sonntagvormittag ... ich hätte die Totenmesse glänzend zu Ende geführt ... des Meisters Mutter und die allerlieblichste Braut haben zuerst geglaubt, ein Engel vom Himmel wär in der Not auf der Orgelbank des Meisters erschienen ... oh ... ich war wirklich erfüllt wie nie ... mein Leben hätte mir in dem Augenblicke gar nichts gegolten ... um des Meisters Ehre zu retten ... Leben und alles ... Genuß und wer weiß was ...

DIE ZIGEUNERIN *lachend zum Meister.* Du versaimst deine Gurten und Stricke ... grußer Meister ... er kummt dir schun iiber ...

Der Seminarist geht plötzlich mit einem hochmütigen Sichabwenden zum Piano, das links am Pfeiler steht. Setzt sich und spielt von den sechs kleinen Variationen Beethovens in G-Dur das Thema, die erste und vierte Variation. Ohne Wiederholung. Die fünfte Variation mit Wiederholung.

DIE ZIGEUNERIN. Huuh ... *Sie horcht.* ooooh ... *Sie klatscht in die Hände.* huuh ... selig machst du mit deinem Getön ... aaach ... ganz sinnlos machen mich deine Klänge ... ich wullte die Welt jitzt neu umarmen ... spiele nicht weiter ... ich muß sunst heulen vur Glick ... die Engel kummen ... *Sie hat die Hand plötzlich vor die Augen gelegt und schluchzt.* nicht duch ... nicht duch ... spiele nicht weiter ...

DER STROLCH *steht beiseite. Nimmt sich scheu den Kranz vom Kopfe. Sagt bebend.* Ich begehre nicht Kränze des Ehrgeizes weiter ...

Wirft den Kranz heimlich beiseite. Greift scheu nach Hut, Stock und Ränzel. Wendet sich heimlich zum Gehen.
Der Seminarist reckt sich streng. Hört auf. Blickt sich um. Erhebt sich mit stolzer Gebärde. Und schreitet sicher und stolz hin und her.

DER STROLCH *an der Tür scheu.* Ich mag 's nicht mehr leben ... *das* Leben zerfleischt mich ... *das* spielt mir meine Komödie vor ... *das* will mir meine Gräber aufreißen ... mit meinem *Bürgerleben* hab ich *bezahlt*... fort aus allem gierigen Menschengedränge ... nichts als vogelfrei will ich mehr sein ... von *Gotte* begehre ich meine Erhöhung ... *Er stürmt hinaus. Ab.*

238

Vierte Szene

DER DOMORGANIST *dem Strolch nachblickend. Dann ganz nüchtern zum Seminaristen gewendet.* Jetzt hast auch du die Erkenntnis wieder ...

Der Seminarist starrt den Meister ebenso plötzlich wieder an.

DER DOMORGANIST. Du hast deinen Beethoven gut gespielt ... jetzt hast du dich auch wieder rein gebadet ... Himmelstimmen ... in *seiner* Brust ... fangen ... jetzt ... gehe heim ... gehe zur Mutter ... verjage vollends die Höllenfahrt ... schlafe dich stark ... für den neuen Morgen ... liege und ächze womöglich ... nach diesen Tönen ... von dieser Seelenflut eingewiegt ...

DER SEMINARIST *ganz demütig, liest ihm die Worte vom Munde ab.* Jawohl ... ich gehorche ... lieber Meister ...

DER DOMORGANIST. Und wenn die Mutter dich wütend anfährt ... laß dir 's gefallen ... streichle ja nur ihr Muttergesicht ... küsse die lieben Mutterhände ... sage ganz zärtlich ... Mutter ... der Meister war mein Verführer ... auch *er* kann sich nie vor den Geistern der Sümpfe verwahren ... Heinrich ... geh heim ... verkriech dich in deine dürftige Bettstatt ... sink ein in die Gründe zu den Müttern ... aus denen wir immer als reine Kinder neu wiederkehren ... besinn dich nicht lange ...

DER SEMINARIST *den Meister immer anstaunend.* Jawohl ... ich gehorche ... oh lieber Meister ... ich brenne mit allen Sinnen jetzt ... wie soll ich diese Mächte beschwören ... mein Blut ist in Aufruhr ...

DER DOMORGANIST. Kein Wort mehr ... beschwichtigt ... ström deine Gewalten in deine Träume ... noch bist du Schüler ... noch bist du Knabe ... noch reden nur fremde Schöpfer aus dir ... noch nicht eigene Meere ... bezwinge dein Blut ... bis zum Selbererleben ... gesagt ... getan ... besinn dich nicht weiter ... ich bin nicht dein Vater ... ich bin dein Meister ...

DER SEMINARIST *scheu und verlegen lächelnd. Plötzlich leidenschaftlich.* Meister ... die Hände ... die nervigen Hände, die Töne schütten ... die Rechte ... die Linke ... Meister ... oh Meister ...

DIE ZIGEUNERIN *lachend.* Kindsköpfe ... sind ... die betrunkene Männer ...

DER SEMINARIST *hat dem Meister beide Hände geküßt. Ist zur Tür gelaufen. Wendet sich wieder.* Meister ... auch *ich* will mit aller Gewalt und Hingabe Musiker sein ... mich hinwerfen vor dem Gotte, der »Ja ja« sagt ... vor dem Gotte, der aufbaut ... vor dem Gott der Erfüllung ... vor dem Gott der Musik ... hoffen Sie für mich ...

DER DOMORGANIST *gleichgültig.* Hoffen ... gar nicht ... glauben, wer tut ... ich glaube, Knabe ...

DER SEMINARIST *reckt sich hoch. Sieht sich um. Inbrünstig.* Sie glauben und tun ... ich glaube ... und tue ... *Ab.*

Fünfte Szene

DER DOMORGANIST *ganz in sich eingesponnen. Wieder in der Nische auf der Bank sitzend.* Ich glaube, wer tut ... *Er greift in die Brusttasche. Zieht sein Portefeuille heraus.* Gold, wenn du Gold willst ... *Er reicht ihr das Portefeuille.*

DIE ZIGEUNERIN *hat es zuerst gierig ergriffen. Will darin kramen.* Gib 's deiner Sippe ... die hut es auch nötig ... huchmiitiger Kerl du ... ich mag nicht ... ich mag nicht ... *Sie hat es auf den Tisch geworfen.* Liederjahn bist du ... Verschwender bist du ... *Plötzlich wie umgewandelt. Brünstig.* oh grußes Herz ... oh, Musiker bist du ... ich verstieh mich auf Zeichen ... Zigeinerweib weiß das ... Magier bist du ... ich *liebe* dich, Meister ... *Sie küßt ihm einschmeichelnd die Hände.* ich *liebe* dich, Meister ...

DER DOMORGANIST *sie abstreifend.* Nein nein nein nein ... zu deinem Wagen zurück ... jede neue Minute ist gähnende Leere ... du füllst nicht die Leere ...

DIE ZIGEUNERIN. Mit nackte Frösche sull sie sich fillen ... gemeiner Kerl du ... eine Kreuzutter sull in dein Bette kriechen ... alter Plumpsack ... gib das Guld her ... *Sie stürzt auf das Portefeuille auf dem Tisch zu.* Guld will ich haben ... Guld ist auch Leben ... nur nicht zu kleines ... ich nehme Funfzig ... jaa ... staune nur ... Dummkupp ...

DER DOMORGANIST. Nimm, was du willst ... *Sie gibt ihm das Portefeuille zurück. Er ergreift es.* Hundert ... nimm alles ... *Er wirft ihr das Portefeuille vor die Füße.* kein irdisches Wort mehr ... fort jetzt das Fremde ...

DIE ZIGEUNERIN *wehleidig.* Meine Mutter hutte auch Geburtsschmerzen ... su wie deine ... als ich in diese verfluchte Welt kam ... nicht Ameise bist du ... Laus nicht einmal ... *Plötzlich hastet sie nach dem Portefeuille auf der Diele. Greift es und birgt es. Schaut scheu nach dem Domorganisten.* wie er nur glotzt mit die gläserne Augen ... der Kerl wirft Zauber ... er würgt mich wumöglich ... dieses Luder ... *Sie drückt sich hinaus. Ab.*

Sechste Szene

DER DOMORGANIST *in sich grabend. Das Weinglas mit der Faust umklammernd.* Hier ... sitze ich ... noch immer ... das ist noch der Ort jetzt ... auf dieser Bank jetzt ... das ist noch der irdische Leib jetzt ... in diesem Verliese eingemauert ... und wenn ich die Augen jetzt vollends schließe ... sinke ich in die eigene Gruft ... *Er hat die Augen geschlossen. Lacht plötzlich.* meine eigene Nacht ... mein eigenes Himmelsgewölbe ... die Zeit geht jetzt stumm ... die Zeit überholt mich ... *Er öffnet die Augen und macht eine hastige Geste, als wenn er in die Luft griffe.* da ... steigt mein Stern ...

Der Vorhang fällt.

Vierter Akt

Personen.

Der Domorganist

Die Mutter

Georginel

In der Werkstatt des Domorganisten.

Erste Szene

GEORGINEL *steht an der Orgelbank. Ein kleines, griechisches Lämpchen brennt vor ihr. Die Klavierlichter brennen. Die Bibel aufgeschlagen. Sie liest und spricht laut vor sich hin.* »Fünf unter den Jungfrauen waren töricht ... fünf waren klug ... *Sie lacht.* die törichten nahmen ihre Lampen ... aber nahmen kein Öl mit ... die klugen nahmen Öl in ihren Gefäßen ... samt ihren Lampen ... da nun der Bräutigam warten ließ, wurden sie alle schläfrig ... und entschliefen« ... nein ... schläfrig mag ich nicht sein ... seine Schicksale darf man nicht verschlafen ... *Sie lacht wieder.* lüg doch nicht, Jungfrau ... einen Augenblick ist der Schlaf gekommen ... aber ein Traum hat mich gleich wieder aufgeschreckt ... *Sie liest wieder.* »und zur Mitternacht ward ein *Geschrei:* Siehe, der Bräutigam kommt ... da stunden die Jungfrauen alle auf und schmückten die Lampen ... und die törichten begehrten Öl von den klugen: gebt uns Öl, riefen sie ... und die klugen sprachen: nicht also ... auf daß nicht allen zugleich das Öl gebreche ... gehet zu den Krämern und kaufet euch Öl ... aber ehe sie hingingen, kam der Bräutigam ... und die bereit waren, gingen mit ihm zur Hochzeit ... und die Tür ward verschlossen« ... ja ja ... als die törichten Jungfrauen schließlich kamen ... und pochten ... und Auftun begehrten ... sprach der Seelenfreund: »ich kenne euch nicht« ... also bereit sein ... denn ihr wißt weder Tag noch Stunde ... und die Tür könnte schon verschlossen sein ... und der Erwartete könnte zu euch sagen: »ich kenne euch nicht« ... *Sie blickt sich im Zimmer um.* noch immer Totenruhe ... wie wird er kommen ... ich harre des Bräutigams ... wenn man so horcht, singen ganz leise die Saiten im Flügel ... die Flöten der Orgel ... die toten Dinge, die auch auf ihn warten ... daß er sie wecke ...

Sie geht an die Tiefentür. Öffnet sie ganz behutsam. Blickt eine Weile hinein. Es ist auch drinnen Licht.

Zweite Szene

STIMME DER MUTTER *barsch.* Um diesen Liederjahn werd ich mich nicht um allen Schlafbringen vollends ... wie spät denn ... ich bin ein altes Weib ... brauch meinen Schlaf ... brauche die seligen Augenblicke im Arm meines Gottes ... was ist denn ... kommt Josua ...

GEORGINEL. Nein, Mutter ... bleib doch nur auf dem Sofa *liegen* ... ich denke, du bist zu Bett gegangen ...

DIE MUTTER *tritt aus der Tiefentür heraus.* Ich geh auch zu Bett jetzt ... unsinniges Zeug hat mich hin und her gejagt ... auf dem dummen Sofa ... man liegt gar nicht schlafen ... rein nur in Ohnmacht ... die einen erfaßt, wenn man wartet und duldet ... ach Gott ... wer weiß, was für Geister schon gleich am Kindsbette standen ... sich schon am Mutterbette um den Neugeborenen gerissen ... damit *sie* ihn führen ... anstatt der Mutter ... damit *sie* ihm den Unglücksweg zeigen ... dem geliebten Kinde ... Geheimnis flechten ... die Mutter steht hilflos ... kann immer nur staunen ... unschuldig bin ich an diesem Verhängnis ... eine Mutter hat gar keine Macht ... ich mag auch nicht ewig nur schelten und seufzen ... Schlaf will ich jetzt ... ich dächte, du gingst jetzt auch zu Bette ...

GEORGINEL. Muttel ... du siehst noch immer wie die geisternde Schwermut aus ... du *mußt* jetzt allen Kummer vergessen ...

DIE MUTTER. Vergiß nur den Kummer ...

GEORGINEL. Muttel ... ich mag keine törichte Jungfrau sein ...

DIE MUTTER. Das verstehe ich nicht ... *Sie geht ans Fenster und schiebt die Vorhänge weg.* es ist doch längst Mitternacht durch ... es ist doch ganz nutzlos ... auch wenn du noch wartest ...

GEORGINEL *in sich gebunden.* Mutter ... *das* war ein Tag ... und ist eine Nacht ... die macht Kinder zu Greisen ... die möchte auch

meine braunen Haare schneeweiß färben ... nicht ... siehe ... Mutter
... habe ich Runzeln im Angesicht ... sind meine braunen Haare
schneeweiß geworden ... nein ... wie er auch kommen mag ... aus
Hölle und Abgrund ...

DIE MUTTER. Du bist wie verzückt ...

GEORGINEL. Mutter ... ich fühle jetzt gar keinen Kummer mehr ...

DIE MUTTER *starrt Georginel an.* Du ... schön, wer's so kann ...
gutes Ding ... herrlich, wenn die Jugend das Erdenleben mit allen
Blößen und Schmerzen noch immer meistert ... herrlich, wie deine
jungen Blicke sich neu aufschließen ...

GEORGINEL *einen Moment plötzlich weinend.* Muttel ... gelt nein ...
die Qual hat mir meine Haare nicht bleich gemacht ... hat mir keine
Runzeln in mein Gesicht gegraben ... ich sehe noch immer schön
und jung aus ... nicht, Mutter ... daß ich ihn verlocke ... *der* Tag
und *die* Nacht hat mich heimlich ganz in die Glorie Klarheit hinein
gehoben ...

DIE MUTTER *streichelt sie.* Schön, wer das sagen kann ... liebes Kind
...

GEORGINEL *inbrünstig.* Kleines Muttel ... glaub es ... ich kann es ...
wie er auch kommen mag ... aus Hölle und Abgrund ... nicht Musik
ist in der sehnenden Brust ... kein Meer von Tönen, wie Josua sagt
... ein Meer von Gefühl will seine Lüste und Leiden einhüllen ...

DIE MUTTER *sie anstaunend.* Du verscheuchst meine Wut ... nach
diesem heillosen, leeren, zerrütteten Tag ... nach diesem Festtag voll
Hohn ... ach ... nach dieser Schmach seines Feiertages wieder Tag
und Nacht zu versumpfen ... *Sie zwingt sich zur Ruhe.* na ... hüll
seine Lüste und Leiden ein ... jetzt gehe ich schlafen ... hülle mich
auch ein ... durch deine Herzleuchte seltsam erhellt ... aber morgen
werd *ich* ihm die Mutterliebe aufkündigen ... das verlaß dich ...
weißt du, was ich eben träumte ...

GEORGINEL. Ach träumen ... dabei spricht die dumpfe Welt zuviel
mit ... wach und klar bin ich jetzt ...

DIE MUTTER. Gar nicht sprach die wirre Welt mit ... der Traum
wollte meine zornige Art auch nur dämpfen ... denk dir ... da
kommt wie ein dunkler Schattenriß gegen weißes Lichtergefunkel
vor einem Bahnhof ... ein klappriger Schimmel ... eine zerschläterte
Droschke ... *der* Kutscher hatte schon viel Gesindel gefahren ...
und steigt auch ein *Kerl* aus ... nicht nur ein Liederjahn oder

Nachtbruder etwa ... oder Säufer und Hurer ... einer, dem die Haare zu Berge stehn ... von Furien gepreścht ... springt aus der Droschke ... kriecht wieder 'nein ... will das Mordpaket von dem Rücksitze greifen ... stößt es zurück ... nimmt es neu in die Arme ... stürzt unbezahlt fort ... du ... ich stehe ... und zittere ... und sehe plötzlich ... auf dem Bocke der Alte ist *Gott* ... der Heiland ... der Herr Jesus Christus ... der lächelt ... hat dem Mörder richtig zur Flucht verholfen mit seiner Mähre ... jetzt gehe ich aber ... sonst kommt mir der Sohn doch noch über den Hals ... in seinem erbärmlichen Zustand ... und ich will jetzt schlafen ... ich *mag* diese Nacht nicht mehr wütend werden ...

Georginel lacht in sich.

DIE MUTTER *kehrt sich noch einmal zurück.* Fast eine andre bist du in diesen Stunden geworden ... gehe nur auch jetzt ... und leg dich ... und Gott sei allen Sündern gnädig ... *Sie lacht.* guten Morgen kann man bald sagen ... laß es noch Nacht sein ... daß wir ruhen ... gute Nacht, liebes Kind ...

GEORGINEL. Gute Nacht, gutes Muttel ...

DIE MUTTER. Plagen machen ein demütig Herz ... ob man will, oder nicht ... Geduld muß man üben ...

GEORGINEL *ihr nachblickend.* Gute Nacht, gutes Muttel ... *Mutter in die Tiefe ab.*

Dritte Szene

GEORGINEL *steht unschlüssig da. Geht unter den folgenden Worten bis an den Orgeltritt. Vor sich hin lächelnd.* Gewiß ... Tag und Nacht hat die Qual mich zerrissen ... habe ich geheult wie ein kleines, geschlagenes Hundel ... nach meinem verlorenen Seelenfreunde ... war ich eine hilflose, alberne, dumme Gans ... die in die gepeinigte Mutter hinein schnatterte ewig ... auch wütend womöglich ... die Nacht hat mich plötzlich laut gerufen ... ich wache jetzt hell ... ich will meine Lampe schon schmücken für ihn ... wie rätselgebunden er kommen mag ... verwandelt ... verwahrlost ... unkenntlich allen ... nur *mir* erkenntlich ... du glaubst es wohl nicht ... *Plötzlich wie erschrocken.* du ...

Vierte Szene

Das armselige, junge Zigeunerweib hell wie in einem Lichtring, wieder mit dem Kinde im Rückentuche, steht wie aus der Wand getreten vor ihr.

GEORGINEL *lacht hell. Ahmt die Sprache der Zigeunerin nach.* Luß dir wahrsagen ... scheenes Frailein ... man erjagt es niemals ... und lebt und lebt ... und fühlt kaum was Leben ... ich ... ich fühle die süße Umstrickung ... ich will leben ... ich will helfen und tun ... ich will Schmach und Schmerzen in meine Trauertücher verhüllen mit Demut ... soll ich murren ... und grausam sein ... soll ich sagen: nein nein ... und immer so weiter ... soll ich meinen Seelenfreund verleugnen ... soll ich seine Schmach schmähen ... soll ich ... heilige Mutter ... du kennst all Geheimnis ... heilige Mutter ... bitte ... plaudere mir das Geheimnis des Weibes aus ... deiner Magd Seele ist wie ein gähnender Brunnen ... gieße dein letztes Geheimnis in meine Leere aus ... Mutter ... junge Mutter ... was trägst du in deinem Tuche geborgen ...

DIE ZIGEUNERIN *nimmt das Kind aus ihrem Tuche und redet.* Die Welt ist hart ... die Erde aus Steinen ... die Menschen aus Staub ... flüchtig ist der Menschen Bestimmung ... ewig ist die verklärte Gestalt ...

Die Vision ist ebenso plötzlich verschwunden.

GEORGINEL *wie geblendet.* Gott ... daß sie fort ist ... schade ... Luftbild war es ... muß jetzt das Rätsel weiter leben ... es schließt wer die Haustür ... der Bräutigam kommt jetzt ... wie wird er kommen ... ich bebe jetzt dem Bräutigam entgegen ... *Man hört Schlüsselschließen. Tritte auf der Treppe. Georginel hüllt sich fröstelnd ins Tuch.* die Lampe hat Öl ... die Flamme brennt sicher ...

Setzt sich auf den Orgeltritt nieder. Hüllt auch ihr Gesicht ins Tuch ein.

Fünfte Szene

DER DOMORGANIST *kommt. Verbohrt. Stumm. Hastig. Innerlich. Nimmt Notenblätter vor. Spricht stoßweise.* Alles ... alles ... muß im Blute angreifen ... nicht an den Händen ... alles ... muß in der eigensten Höhle angreifen ... nicht bloß draußen ... unter den Fenstern ... *Starrt auf das vorbereitete Notenblatt.* ja doch ... Geduld, Blut ... ich komme ... ich bin schon da ... laß es Aufruhr sein ... laß die Monde an zehn Himmeln zerspringen ... einstürzen ... alles, was draußen lebt ... die Sterne einstürzen ... toll durcheinander ... wie satanischer Spielkram ... durch Urfinsternisse ... laß ganze Horden und Schwärme sich jagen ... Urnacht ist immer ... Chaos ist immer ... jedes einsame, einzelne Ding und Wesen ... muß hindurch ... oh du Jammergeburt ... heraus aus dem Chaos ... hoch ... im scharlachnen Glanzkleid ... du König »Mensch« ... Geißeln und Schwerter peitschen genug ... da ... *Er schreibt beständig.* sausen und gellen genug ... juchheet nur ... mindestens zwanzig Celli im Untergrunde, wenn Posaunen und Trompeten juchheen und zetern ... *Lacht.* die Flöten quieken wie eine Herde vom Teufel besessener, schwarzer Schweine ... Geigen ... nur Geigen heran ... nur Geigen heran ... *Ganz leise.* leise Stimmen ... aus *den* Gegenden, wo im Weltall Gott seine Zuflucht im Licht hat ... jaaa ... Urnacht ist immer ... *Er schreibt leidenschaftlich.* Chaos ... ungeheuerliche Verfinsterungen ... wer kann die Furchtbarkeit dieser Finsternisse von Plagen durchdringen ... diese eklen Mücken- und Fliegenschwärme ... Wanzen ... Läuse ... wer kann es ... aufwärts ... aufwärts ... ungeheuerliche Verfinsterungen ... was *bin* ich ... doch nur ein Domorganist ... *Hetzend.* habe nur Tasten ... Posaunen und Schreie ... *Lacht.* wie soll ich die Herde Säue zum Tanzen bringen ... wie soll ich die wiebelnden Haufen beschwören ... bin einzeln ... und wund ... und geschlagen ... man klappert vor Frost ... *Er hält inne und besieht das Geschriebene. Leise.* staune ... *Lacht.* der Tag der Buße ist wieder verglommen ...

Georginel enthüllt sich langsam. Gespannt horchend. Völlig bestürzt.

DER DOMORGANIST *völlig in sich. Singt und murrt während des Schreibens. Schlägt den Rhythmus mit Fuß oder Faust.* Urnacht ...

achhei … Urnacht … juchheet nur … Dämone … im Blute … neieiein … ich versinke noch nicht … *Er schreibt wieder hastig.* kann
nicht *hindurch* … *kann* nicht zu Gott … *kann* nicht aufwärts … die
Aufgabe ist ja riesenmäßig … Jahrtausende ringt der Mensch … ich
muß … ich muß … dennoch … dennoch … ein Lichtstreif … ganz
ferne … juchheet nur … wiehert nur … pfeift nur … ich muß …
ich muß … es gelingt jetzt … die Urnacht wird dünner … Wehelaute
… rasende, heulende Wehelaute … ich muß … ich muß … Geigen
… immer mehr feine Geigen … immer mehr feine Geigen … träufelnde Harfentöne … immer mehr hell träufelnde Harfentöne …
von weither … aus *den* Gegenden, wo im Weltall Gott seine Zuflucht
im Licht hat … wo der Hirte der Goldwolken auf einsamem Felsen
im Lichte über den Räumen ragt … in den Weltgrund hinein träumt
… Herden von Goldwolken weiden … oooh … wo ist das Land …
Schalmeien … Schalmeien … Morgenstimmen … leiser Jubel der
Morgenstimmen … oooh … wie begreif ich das Lied … wenn die
Urnacht schwindet … schwindet … sie schwindet … verhallt …
Urnacht verhallt … alle Plagen der Erde vergrollen … die Pauken
verdröhnen … gewaltig … wie dumpfe Mörser … die Posaunen
zerbrechen … die Trommeln murren nur noch … die Hoboen ver-
summen … wie Hummeln im Sommerwinde … in Düften von Klee
… Kindlein … am Wiesenrain säuseln und kichern …

GEORGINEL *hat sich immer höher erhoben. Immer glückseliger starrend.
Leise für sich.* Jetzt singt auch mein Blut …

DER DOMORGANIST *noch völlig im Schaffensfieber. Ganz leise. Das
Geschriebene betrachtend.* Und strömst du nicht doch aus meinen
vergänglichen Freveln und Schanden … da … eine singende Menschenstimme … oooh … oooh … oooh … du … einzelne … einsame
… singende Menschenstimme … du … Menschenfrühling …
glückselige Zärtlichkeit … der Unschuld Gelächter … du süße
Lockung … dein Name ist Weib … ewig zum Opfer geschmückt
… du Wächterin über Fieberschlummer … du trotziges Vertrauen
auf das Vergängliche … du Löwenmut in Todesgefahr … jetzt …
jetzt … halle dein Trostlied … *Starr plötzlich in die Schrift hinein
sinnend.* das *wird* jetzt … von allen Tönen der Wehmut umkränzt
und durchsilbert … ja … *Wieder schreibend.* aus dem stinkenden
Dungreiche meines Ackers steigt jetzt ein neues Werk auf … aus
allen Martern … aus allen Sehnsüchten meiner Seele entkreißt neues

Werk ... ruft ... jauchzt ... jetzt wird göttliche Durchsichtigkeit ... heller ... noch heller ... jetzt aufblüht schier unmögliche Güte ... Sonne ... Sonne ... Sonne ... steigt ... steigt ... Wölfe ... Antilopen ... Kamele ... Hyänen ... Schafe ... die Völkerhorden ... die Kreaturen ... grüßen schreiend zur Sonne hin ... *Bedächtig.* die Löwen brüllen wie die Glocken der Münster ... ha ... das ist der Schlußchor ... jaaa ... jaaa ... jaaa ... ha ... wenn zum ersten Male *die* neuen Gewalten ertönen ... *Immer hastiger.* ich schwitze über und über ... die Glieder schlagen mir förmlich vor Angst ... ich muß das Unmögliche greifen ... oooh ... daß ich diese Gewalten nur einmal halte ... für ewig ... dieses Einmal ... dieses Einmal ... *Er lacht wieder.* nur einmal ist jeder Mensch geboren ... ein andermal wird man 's nit zulassen ... *Er wirft Blätter beiseite. Ein Blatt fällt zu Boden.* entflattere ... in die Mühsal der Welt ... *Er lacht wieder.* eine ganze Götterpracht potentatischer Töne soll jetzt aus meinem Blute entflattern ... lösen die Mühsal der Welt ... tönen ... tönen ... lösen die Mühsal der Welt ... jubilieren ... jubilieren ... das ist der Schlußchor ... ha ... ha ... ha ... jaaaa ... jaaaa ... jaaaa ... jaaaa ... jaaaa ... *Er schreibt wie irrsinnig. Dann leise.* Amen ... Amen ... *Sich immer steigernd.* Amen ... *Er starrt auf das Geschriebene.* basta ... basta ... *Er schleudert die Feder auf den Boden.* basta ... *Er ist ganz in sich. Starrt tief in das Geschriebene. Will sich aufrecken. Blickt wieder zurück. Tut vor sich hinlachend einen Schritt. Setzt sich an den Flügel. Legt die Hände auf die Klaviatur. Lacht stumm. Sinkt in sich. Blickt gen Himmel. Ganz leise.* vor über ... vorüber ... Ruhe ... komme, Ruhe ... das Blut flattert und zuckt noch ... *Pause. Plötzlich zärtlich rufend.* Mutter ... *Vor sich hin.* hundertmal hat mir die Mutter vergeben ... hunderttausendmal wird mir die Mutter vergeben ... fort die Zerrüttung ... irdisches Dasein ... irdische Nacht ... irdische Einsamkeit ... irdische Enge ...

GEORGINEL *sich behutsam zuneigend, gleichsam um besser zu hören. Ohne sich im übrigen zu rühren. Mit weiten Augen lachend.* Dazu brennt der Liebe Goldlicht ...

DER DOMORGANIST *vor sich gebeugt. Ohne Acht.* Ooooh ... Gorginel ... Menschenfrühling ... ewig zum Opfer geschmückt ... Heimat der Wärme ...

Georginel hat sich während seiner Worte, von innerem Vergnügen erfüllt, wie frierend vor Freude, die Arme ineinander pressend, das Tuch fest um die Schultern gezogen.
Plötzlich tritt Tiefdunkel ein.
Wenn das Dunkel schwindet, hört man wie ferne Sturmstimmen heulen und brausen. In Wolken ragend hebt sich eine goldene Riesenorgel, etwas zur Linken, von Sonne beleuchtet, aus dem Dunkel heraus. Der Domorganist davor sitzend. Starr und vertieft in sich. Auf den Notenhalter gebeugt. Die Hände ganz ruhig auf den Tasten. In sich horchend.
Unterdessen die Orgel geisterhaft und fern immer reicher in die Sturmstimmen hineintönt. Köpfe im Dunkelraume vorbeijagen. Einzeln und in Scharen. Mensch, Tier, Chimären, Fratzen, Teufel.

EINE STIMME *im Raum eindringlich rufend.* Josua ...
ANDERE STIMME. Meister ...
ANDERE STIMME. Jubiliere ... jubiliere ...
EINE DUNKLE STIMME. Frage nach keiner Erdenstimme ...
ANDERE STIMMEN *durcheinander.* Jubiliere ... jubiliere ...
DIE DUNKLE STIMME. Die Abgründe sind weit aufgetan ...
DIE HELLEREN STIMMEN. Jubiliere ... jubiliere ...

Der Domorganist stöhnt auf.

EINE SCHAR JÜNGLINGSKÖPFE *vorbeiziehend.* Kühn sei ... kühn sei ...
ANDERE JÜNGLINGSKÖPFE. Wenn der Weltwind aus den Abgründen bläst ...
ANDERE JÜNGLINGSKÖPFE. Kühn sei ... kühn sei ...
HELLERE STIMMEN. Jubiliere ... jubiliere ...
DER DOMORGANIST. Oooh ... wär ich berufen ...
EINE SCHAR KINDERKÖPFE *vorüberjauchzend. Hell.* Der Abgründe Harfe zu schlagen ...
ANDERE STIMMEN. Zu blasen des großen Morgens helle Posaunen ...
DUNKLE STIMMEN. Musiker du ... Magier du ...
DER DOMORGANIST *plötzlich die Augen erhebend. Leidenschaftlich.* Gib ... gib ... gib ...

EINE ANDERE SCHAR KINDERKÖPFE. Jauchzendes Blut in verdorrtes Gebein ...
ANDERE STIMMEN. Tönen ... schütte blühendes Tönen aus deinen Händen ...
ANDERE STIMMEN. Gib Gewißheit ...
ANDERE STIMMEN. Gib Gewißheit ...
ANDERE STIMMEN. Gib Lobgesänge ...
VERHALLENDE STIMMEN. Gib Lobgesänge ... gib Lobgesänge ...

Die Erscheinungen versinken dabei immer mehr ins Dunkel. Noch der Domorganist sichtbar. Dann nur die goldene Riesenorgel. Deren Ton immer ferner und ferner einsinkt.

EINE KINDERSTIMME *ruft aus den jagenden Dunkelwolken ganz hell und freudig.* Und ob du gleich wanderst im finsteren Tal ...

255 *Der Vorhang fällt.*

Biographie

1858	*11. Mai:* Carl Ferdinand Max Hauptmann wird in Ober-Salzbrunn (Schlesien) geboren. Der ältere Bruder von Gerhard Hauptmann ist als Kind schwach und häufig krank. Bis zu seinem dreizehnten Lebensjahr verweilt er im Elternhaus.
1872–1883	Hauptmann besucht die Realschule in Breslau. Anschließend beginnt er ein Studium der Philosophie, Physiologie und Biologie in Jena. In dieser Zeit verfasst er die Erzählung »Sonnenwanderer«.
1883	Er promoviert Er promoviert zu dem Thema »Die Bedeutung der Keimblättertheorie für die Individualitätslehre und den Generationenwechsel« zum Dr. phil.
1884	Durch seine Heirat mit Martha Thienemann wird Carl finanziell unabhängig und setzt das Studium in Zürich fort, wo er Frank Wedekind kennen lernt.
1889	Mit der Übersiedlung nach Berlin verzichtet er auf eine wissenschaftliche Karriere in Zürich.
1891	Zusammen mit seinem Bruder lässt er sich in einem gemeinsam erworbenen Haus in Schreiberhau nieder.
1893	Er schreibt die »Metaphysik in der modernen Physiologie«; im folgenden Jahr das Drama »Marianne«.
1896	Es entsteht das dramatische Spiel »Waldleute«.
1899	Hauptmann verfasst sein nächstes Drama: »Ephraims Breite«.
1902	Dem Roman »Mathilde. Zeichnungen aus dem Leben einer armen Frau« folgen »Die Bergschmiede« und ein Jahr später »Des Königs Harfe«.
1905	Entstehung des Dramas »Austreibung«.
1907	»Einhart, der Lächler« ist ein Roman in zwei Bänden. In den kommenden Jahren werden die Dramen »Panspiele« (vier Einakter) und »Napoleon Bonaparte« verfasst.
1908	In zweiter Ehe heiratet Hauptmann die Malerin Maria Rohne. Mit ihr bekommt er Tochter Monona.
1909	Hauptmann unternimmt eine Vortragsreise nach Amerika.
1912	Hauptmann schreibt die Novellen »Nächte«.

1913	Den Erzählungen »Schicksale« folgen die Dramen »Die lange Jule« und »Krieg. Ein Tedeum«.
1916–1918	Arbeit an der Dramen-Trilogie »Die goldnen Straßen«.
1919	Hauptmann verfasst das »Rübezahlbuch« und das dramatische Spiel »Der abtrünnige Zar«.
1920	Ein Jahr vor seinem Tod werden die Erzählungen »Drei Frauen« geschrieben.
1921	*4. Februar:* Carl Hauptmann stirbt in Schreiberhau (Riesengebirge).

Erzählungen aus dem Biedermeier

Biedermeier - das klingt in heutigen Ohren nach langweiligem Spießertum, nach geschmacklosen rosa Teetässchen in Wohnzimmern, die aussehen wie Puppenstuben und in denen es irgendwie nach »Omma« riecht.

Zu Recht. Aber nicht nur.

Biedermeier ist auch die Zeit einer zarten Literatur der Flucht ins Idyll, des Rückzuges ins private Glück und der Tugenden. Die Menschen im Europa nach Napoleon hatten die Nase voll von großen neuen Ideen, das aufstrebende Bürgertum forderte und entwickelte eine eigene Kunst und Kultur für sich, die unabhängig von feudaler Großmannssucht bestehen sollte.

Georg Büchner Lenz **Karl Gutzkow** Wally, die Zweiflerin **Annette von Droste-Hülshoff** Die Judenbuche **Friedrich Hebbel** Matteo **Jeremias Gotthelf** Elsi, die seltsame Magd **Georg Weerth** Fragment eines Romans **Franz Grillparzer** Der arme Spielmann **Eduard Mörike** Mozart auf der Reise nach Prag **Berthold Auerbach** Der Viereckig oder die amerikanische Kiste

ISBN 978-3-8430-1884-5, 444 Seiten, 29,80 €

Erzählungen aus dem Biedermeier II

Annette von Droste-Hülshoff Ledwina **Franz Grillparzer** Das Kloster bei Sendomir **Friedrich Hebbel** Schnock **Eduard Mörike** Der Schatz **Georg Weerth** Leben und Taten des berühmten Ritters Schnapphahnski **Jeremias Gotthelf** Das Erdbeerimareili **Berthold Auerbach** Lucifer

ISBN 978-3-8430-1885-2, 440 Seiten, 29,80 €

Erzählungen aus dem Biedermeier III

Eduard Mörike Lucie Gelmeroth **Annette von Droste-Hülshoff** Westfälische Schilderungen **Annette von Droste-Hülshoff** Bei uns zulande auf dem Lande **Berthold Auerbach** Brosi und Moni **Jeremias Gotthelf** Die schwarze Spinne **Friedrich Hebbel** Anna **Friedrich Hebbel** Die Kuh **Jeremias Gotthelf** Barthli der Korber **Berthold Auerbach** Barfüßele

ISBN 978-3-8430-1886-9, 452 Seiten, 29,80 €